Database e linguaggio SQL

Riccardo Cervelli

Informazioni sugli standard del linguaggio e sulle implementazioni nei DBMS più famosi come Oracle, SQL Server, MySQL e PostgreSQL

Database e linguaggio SQL

Autore:

Riccardo Cervelli

Alle mie piccole Nicole ed Elizabeth

Ringraziamenti

Un grazie sentito a mia moglie Monika per avermi sempre sostenuto, anche nei momenti più difficili (Prov. 31:10) e per avermi dato le due splendide creaturine che allietano la nostra esistenza.

Desidero ringraziare anche Marco Barsotti, studente diligente, che ha provato il codice del libro, e gli studenti seri e attenti che ho avuto nel corso del tempo.

Sommario

Capitolo 1 - Introduzione alle basi di dati

Lo scopo dell'informatica è quello di rendere automatici i processi noiosi e ripetitivi, o complicati e pesanti da gestire, che spesso incontriamo nello svolgere le attività quotidiane. Una di queste attività potrebbe essere la gestione delle informazioni di vario genere (dati anagrafici o contabili, archivi, ecc.). Praticamente tutti noi abbiamo una certa dimestichezza con i sistemi classici di memorizzazione delle informazioni: blocchi note, agende, diari o archivi cartacei d'altro tipo. Ovviamente per gestire al meglio questi dati è necessaria una certa organizzazione. Tanto più coerente e razionale è il sistema di archiviazione, tanto più efficiente e ottimale sarà la gestione del tutto, compreso il ritrovamento delle informazioni cercate e la produzione di eventuali elenchi ordinati.

Introduciamo allora il concetto di **sistema informativo** che, nel suo genere tradizionale consiste, in pratica, in un insieme d'informazioni archiviate in forma cartacea come, ad esempio, schedari organizzati secondo certi criteri. Un sistema informativo di per sé non necessita di mezzi di calcolo o di gestione automatizzata delle informazioni, come elaboratori o macchine simili. Quando si va però ad implementare un sistema informativo attraverso computer e dispositivi periferici collegati, gli archivi devono passare dal formato cartaceo a quello elettronico. Ogni registrazione dovrà diventare un record che deve essere individuato senza incertezze né difficoltà. Si utilizza pertanto un **sistema informatico**, cioè un insieme di risorse informatiche per il conseguimento di determinati obiettivi.

Alcuni utenti possiedono un proprio database proprietario installato solo sulla macchina che usano abitualmente (ad esempio il proprio PC di ufficio, casa o addirittura il computer portatile). Questo può andare bene se c'è un solo utente che gestisce tali informazioni e il database ha dimensioni medio/piccole. In questo caso licenze per singoli utenti di **Microsoft Access**, **Borland dBASE, Paradox** o **FileMaker Pro** possono essere più che sufficienti. Nel caso di moli di dati più imponenti, o nel caso di un maggior numero di utenti, bisogna invece affidarsi ad altri sistemi.

Nella gestione dei dati, la filosofia che si è sempre più affermata è quella **client/server**. In molte aziende esistono potenti elaboratori (minicomputer o mainframe) che fungono da server e altri computer collegati in rete che accedono a questi computer centrali. Nelle reti client/server i dati e il sistema di gestione del database vengono memorizzati su un'unica macchina potente (o un numero molto ristretto di macchine). I computer possono accedere a tali informazioni attraverso programmi specifici (chiamati "lato client dell'applicazione") e collegandosi in rete (sia locale che geografica, come Internet).

Questo presenta parecchi vantaggi. Per esempio, la spesa per l'acquisto di un solo computer potente (il server) e di PC client economici è preferibile rispetto all'acquisto di diverse potenti elaboratori. I dati, che sono il vero valore aziendale dal punto di vista informatico, risiedendo su una sola macchina e sono più facili da tenere sotto controllo; possono essere fatte agevolmente copie di sicurezza, e la macchina stessa può essere tenuta fisicamente e logicamente lontana da intrusioni dall'esterno. Inoltre è il sistema di gestione del database che si preoccupa della consistenza delle informazioni, senza coinvolgere l'intervento dell'utente.

D'altra parte, la tecnologia client/server comporta anche qualche aspetto negativo. Per esempio, si ha lo svantaggio di dover installare e aggiornare il lato client su ogni macchina alla quale si vuol concedere la possibilità di accedere al server; l'inconveniente è comunque ovviabile perché queste operazioni possono essere svolte in automatico da altre macchine dedicate (o dallo stesso server).

In ogni caso, è necessario che i computer siano opportunamente configurati per il collegamento in rete e che abbiano il software di comunicazione adatto per lo scambio di dati. Oracle, per esempio, con il sistema **SQL*Net** si affida al protocollo **TNS** (Transparent Network Substrate) che può appoggiarsi a diversi protocolli di rete; Microsoft **SQL Server** utilizza il protocollo **TDS** (Tabular Data Stream); altri sistemi sfruttano le librerie **ODBC** (Open DataBase Connectivity) oppure **OLE-DB** (Object Linking & Embedding DataBase) che permettono di scambiare anche dati con contenuto multimediale.

Esistono in commercio numerosi driver ODBC che consentono alle applicazioni client di interagire con il software installato sul server. In questo modo è possibile sviluppare software in linguaggi come Microsoft Visual Basic, Visual C++, FoxPro, Borland Delphi e PowerBuilder, appoggiandosi alle interfacce API (Application Programming Interface) e sfruttando driver dedicati ODBC a 16 o 32 bit compatibili con il sistema di gestione del database in dotazione.

Un altro metodo di gestione dei dati che sta prendendo sempre più piede, grazie anche alla diffusione di Internet e delle Intranet (reti locali che utilizzano gli standard e i protocolli di Internet), è l'utilizzo di server orientati al Web. Secondo questo sistema ci sono ancora dei server, ma il collegamento a questi non richiede, per i 'client', particolari e costosi moduli software dedicati: basta dotarli di un programma di navigazione per Internet (browser). I browser sono quasi tutti gratuiti, oramai vengono inclusi direttamente come software di base in molti ambienti e sistemi operativi (i più diffusi sono Microsoft Internet Explorer, Mozilla Firefox, Google Chrome e Safari di Apple).

Attraverso apposite form che l'utente scarica in modo molto semplice dalla rete (come normali pagine Web) è possibile visualizzare, inserire e aggiornare dati registrati in remoto, anche a centinaia di chilometri di distanza. Questi sistemi vengono implementati da importanti fornitori di software come IBM, Microsoft e Oracle.

Ad ogni modo, qualunque sia il metodo per accedere ai dati, in tutte queste implementazioni gioca un ruolo importante SQL. Quasi tutti i fornitori di server di database, infatti, si riferiscono a questo linguaggio, e in alcuni Paesi SQL è divenuto il linguaggio per la gestione dei database ufficialmente scelto dagli enti governativi.

Alcuni termini tecnici

Poiché nella letteratura tecnica si trovano spesso sigle, acronimi e altri termini noti agli informatici ma poco conosciuti ai meno esperti, è utile riportarne la spiegazione attraverso un piccolo elenco, in modo da fare subito chiarezza sulle parole che si incontreranno in seguito. Questi termini non sono stati volutamente disposti in ordine alfabetico, bensì logico, per facilitare la lettura progressiva.

Data bank (banca dati)

Una **banca di dati**, o **banca dati**, è un'organizzazione molto semplificata di insiemi di dati. La struttura degli archivi è davvero semplice è ha solo due tipi di registrazione: i dati nell'archivio principale e i rimandi negli archivi indice; l'organizzazione dei dati è statica e gli aggiornamenti vengono apportati di rado, forse una volta al mese o addirittura anche meno spesso e comunque sempre quando gli utenti decidono di farlo. In ogni caso gli aggiornamenti devono essere effettuati scollegando gli utenti dalla banca dati stessa.

Troviamo dei semplici data bank nelle calcolatrici tascabili, nelle agende elettroniche di manager affermati ma anche di bambini che vanno alle elementari e perfino in alcuni orologi al quarzo. Altro esempio di data bank si ha nei telefoni cellulari che incorporano un'agenda con i numeri di telefono memorizzati nella memoria del telefonino o direttamente nella schedina GSM (plug-in), che ha una dimensione simile a quella di un francobollo. Ad ogni numero di telefono può essere associato un nome e in ogni caso viene associato un codice numerico (tipicamente da 0 a 100) a seconda della memoria disponibile nel supporto di memorizzazione.

Ovviamente non è possibile compiere operazioni di tipo relazionale sulle informazioni di banche dati come queste. Le tipiche operazioni che possiamo compiere sono: l'inserimento, la cancellazione e la modifica; non costruiamo delle relazioni tra campi di informazione e tantomeno tra diverse tabelle, anzi, di solito un data bank ha solo una tabella (nomi e numeri di telefono, o data e ora e qualche riga, per gli appuntamenti, nelle agende elettroniche).

Database (base di dati)

Una **base di dati,** o **database (DB)**, è un modello rappresentativo della realtà. Si tratta in effetti di una collezione di archivi, opportunamente strutturati, con le seguenti caratteristiche:

- deve essere integrata, nel senso che deve contenere tutte le informazioni necessarie al proprio mantenimento in servizio;

- deve essere veloce nell'accesso, al fine di consentire tempi molto brevi contro le caratteristiche lunghe pause o attese degli archivi tradizionali; in pratica deve dare la sensazione dell'immediatezza, del cosiddetto 'tempo reale';

- deve permettere la gestione completa delle operazioni di inserimento di nuovi dati, l'aggiornamento di dati già presenti e la cancellazione dei dati non più necessari;

- deve consentire un accesso di tipo concorrente, ossia più utenti devono poter lavorare contemporaneamente senza influenzare negativamente il lavoro l'uno dell'altro;

- deve permettere la privatezza delle informazioni, potendo concedere autorizzazioni agli utenti e negare accessi non autorizzati o limitare le possibilità di intervento ai dati (ad esempio, il diritto di sola lettura ma non quello della cancellazione o della sola scrittura, ecc.);

- in ultima analisi, deve permettere una possibilità fondamentale, cioè il ripristino dei dati in caso di guasti o malfunzionamenti, in modo da avere in ogni momento la certezza dell'integrità del sistema.

Per implementare un database è necessario un sistema hardware abbastanza potente e un adeguato software di gestione. I *dati* sono il vero valore del database, anche se nel sistema database vengono inclusi pure i programmi che permettono di gestire i dati agevolmente secondo le caratteristiche sopra enunciate.

Quali sono i vantaggi di un database? Rendere automatici i processi di gestione dei dati è molto importante perché consente di risparmiare tempo e fatica, anche nella scrittura delle procedure. Col tempo molto probabilmente il sistema hardware (l'elaboratore e le sue periferiche) diventerà obsoleto per via del progresso tecnologico e così in parte anche il software applicativo, ma non i dati registrati, che potranno essere trasportati al nuovo sistema (operazione chiamata in genere 'porting') senza costringere gli utenti a compiere di nuovo l'inserimento di dati che erano già stati memorizzati nel database. Gli applicativi che si appoggiano ad un database non gestiscono direttamente i dati, ma realizzano semplicemente delle operazioni su di essi, lasciando al sistema di gestione del DB le operazioni più delicate.

Ogni operazione effettuata sui dati (intesa come **transazione**) non lascia risultati parziali: se va a buon fine i dati risulteranno modificati, altrimenti non verranno parzialmente cambiati e si potrà ripetere l'operazione. Ad esempio, se stiamo compiendo un'operazione di modifica è si verifica un black out, senza far in tempo a confermare la transazione, al momento del ripristino della corrente si può ricominciare a impartire le stesse operazioni di prima, stando certi che nel frattempo i dati sono rimasti inalterati. < Ovviamente l'esempio rappresenta un caso limite, in quanto di solito le società serie evitano situazioni di questo tipo dotando i computer che ospitano la base dati di gruppi di continuità. >

Quando un DBMS supporta correttamente le transazioni come specificato sopra, si dice che è conforme alle specifiche **ACID** (acronimo inglese che significa '**A**tomicity, **C**onsistency, **I**solation, **D**urability', ovvero '**A**tomicità, **C**onsistenza o **C**oerenza, **I**solamento, **D**urabilità'). Le proprietà logiche da implementare sono quindi le seguenti:

- **atomicità**: la transazione è indivisibile nella sua esecuzione e la sua esecuzione deve essere o totale o nulla, non sono ammesse esecuzioni parziali;
- **consistenza** (o **coerenza**): quando inizia una transazione il database si trova in uno stato coerente (detto anche 'consistente') e quando la transazione termina il database deve essere in un altro stato coerente, ovvero non deve violare eventuali vincoli di integrità, quindi non devono verificarsi contraddizioni (*inconsistency*) tra i dati archiviati nel DB;
- **isolamento**: ogni transazione deve poter essere eseguita in modo indipendente ed isolato dalle altre transazioni: se una transazione fallisce, questo non deve interferire con altre eventuali transazioni in esecuzione;
- **durabilità** (o **persistenza**): una volta che una transazione viene confermata con un'istruzione di *commit*, le modifiche apportate non si devono perdere.

Per evitare che nel periodo di tempo tra il momento in cui il DBMS si impegna per scrivere le modifiche e quello in cui termina effettivamente di scriverle, si verifichino perdite di dati dovuti a malfunzionamenti, vengono tenuti dei registri di log dove sono registrate tutte le operazioni sul DB.

Data Dictionary (Dizionario dei dati)

Quando si va a creare un database viene generato anche il dizionario dei dati. Esso è costituito da una serie di tavole speciali messe a disposizione degli utenti in forma comprensibile per la sola consultazione. Altre informazioni sono messe a disposizione solo dell'amministratore del sistema.

DBMS

La sigla **DBMS** significa DataBase Management System. In alcuni testi è possibile trovare la sigla italiana SGBD, cioè Sistema di Gestione delle Basi di Dati.

RDMBS

Questa sigla è l'acronimo per Relational DataBase Management System o, in italiano, SGBDR, Sistema di Gestione delle Basi di Dati Relazionali. Il sistema di gestione del database è quindi di tipo relazionale.

ORDBMS

Si tratta dell'acronimo per Object Relational DataBase Management System, o SGBDRO in italiano, ossia Sistema di Gestione delle Basi di Dati Relazionali a Oggetti. Oltre ad essere relazionale, il sistema di gestione del database è anche orientato agli oggetti.

Cloud Computing

Di solito, negli schemi grafici, il collegamento ad un ISP (Internet Service Provider) o ad Internet, si rappresenta con una nuvola (in inglese 'cloud'). Infatti, il simbolo della nuvoletta sta ad indicare un collegamento ad una rete remota, tramite una tecnologia non definita in dettaglio.

Da un po' di tempo si sente sempre più spesso parlare di 'Cloud Computing' (chiamato spesso in forma abbreviata 'Cloud'). Si tratta di un modo di gestire le informazioni diverso da quello a cui siamo stati abituati in precedenza. Il 'Cloud' permette di utilizzare qualsiasi tipo di documento senza aver bisogno di dispositivi di memorizzazione locali, come memorie USB, hard disk interni o esterni, ecc. Questo perché, anziché sul proprio computer, i programmi e i dati vengono installati o registrati direttamente sulla rete, in una sorta di 'nuvola'. I dati che normalmente venivano registrati sui singoli PC vengono in questo modo decentrati su vari server dotati di sistemi di archiviazione molto capienti a cui l'utente può accedere grazie al browser e ad applicazioni dedicate. Queste informazioni sono raggiungibili in qualunque momento e con mezzi diversi (smartphone, tablet, netbook, notebook o PC desktop).

Ad ogni modo, anche i computer remoti sono soggetti ad inconvenienti. Ad esempio, in caso di blackout o di incidenti sui server, i servizi non sono più accessibili, a meno che i dati non siano stati replicati su altri computer. Recentemente un incendio nella sede di un grande Provider ha mandato in tilt migliaia di siti web e pochi giorni più tardi un attacco contro la Sony ha messo in pericolo i dati personali di milioni di clienti (codici delle carte di credito e/o coordinate bancarie). Oltre a questi problemi dovuti ad incidenti e attacchi informatici, vi sono anche i problemi legati alla privacy e alla censura perché con il Cloud Computing il potere viene concentrato nelle mani di poche aziende internazionali, le quali potrebbero tecnicamente bloccare od oscurare voci e argomenti 'scomodi'.

Persone e competenze

Conoscete il detto: "L'informazione è potere"? Questa espressione si riferisce in particolar modo a quello che possono fare i media o mezzi di informazione oggi, potendo influenzare la popolazione e conoscendo dati che normalmente sarebbero riservati. L'espressione comunque ben si addice anche all'informatica. Chi ha la possibilità di accedere a informazioni di vario tipo ha in mano un potere importante, ma anche una grande responsabilità, specialmente se viene chiamato a dover interpretare tali dati o se addirittura gli viene concessa la possibilità di modificarli.

Spesso, con i programmi predisposti, gli utenti possono accedere in modo limitato agli archivi. Le funzioni della procedura fanno da interfaccia tra l'utente e le basi dati. Per un utente non troppo esperto può rappresentare già un problema *interpretare* correttamente le informazioni ottenute, figuriamoci se avesse pure il potere di intervenire indiscriminatamente sulle basi dati e poter cambiare quel che vuole. L'utente inesperto potrebbe anche illudersi, e forse a lungo, di agire in modo adeguato, per poi accorgersi di aver sbagliato qualcosa nell'impostazione iniziale o semplicemente nell'interpretazione dei risultati.

Andiamo ora ad elencare alcune categorie di persone coinvolte nell'utilizzo e nella gestione dei database.

Utenti

Gli **utenti** sono tutte quelle persone, o gruppi di persone, che possono accedere al database attraverso procedure o pacchetti e moduli preconfezionati. A loro vengono concesse varie possibilità di utilizzo degli strumenti informatici a seconda delle proprie competenze e degli incarichi che ricoprono all'interno dell'azienda (alcune di queste possibilità vengono spesso chiamate, in gergo informatico, '**privilegi**').

DBA

Il **DBA** (**DataBase Administrator**, o **amministratore del database**) è una persona con reali competenze informatiche che si occupa della gestione completa del database, potendo modificare le tabelle, effettuare il salvataggio e il ripristino dei dati (backup e recovery), compiere statistiche sull'uso del database, ottimizzare l'accesso alle risorse e intervenire anche a livello di strutture fisiche, assegnare i diritti di accesso e i privilegi.

Alcuni di questi compiti possono essere affidati ad altro personale di fiducia con adeguate competenze tecniche, ma al DBA rimane comunque la responsabilità di sovrintendere alle operazioni compiute.

Analisti informatici

Gli analisti informatici (nel nostro contesto li chiamiamo semplicemente **analisti** perché si sottintende che si tratti di esperti informatici) si occupano della progettazione dei database o della loro modifica in base alle esigenze degli utenti finali e in comune accordo con il DBA. Devono avere anche loro una certa esperienza informatica ed una cultura generale che spazia in vari campi poiché devono comprendere le svariate problematiche dei propri clienti.

Parte del lavoro dell'analista consiste infatti nelle interviste ai clienti e nello scrivere relazioni esplicative che saranno prese come riferimento dai programmatori per la stesura dei programmi. La documentazione è molto importante nel lavoro degli informatici, per non dire fondamentale. Non solo servirà agli altri colleghi coinvolti nel progetto, ma fungerà anche da adeguato rammemoratore futuro per gli stessi autori del materiale, visto che la memoria umana non è affidabile come quella delle macchine...

Programmatori

I **programmatori** svolgono il compito di predisporre il software, più o meno complesso, per gestire le strutture progettate dagli analisti secondo le funzioni e le procedure da loro indicate. Accedono ai database attraverso strumenti appositi o direttamente tramite i linguaggi come SQL.

Sistemisti

I **sistemisti** sono tecnici che si occupano della gestione dei sistemi con particolare riferimento ai sistemi operativi e alle operazioni di controllo sulle macchine e sulle reti di comunicazione (locali e/o verso l'esterno, come Internet) soprattutto nel contesto della sicurezza.

Operatori

Anche gli **operatori** sono tecnici, ma hanno competenze inferiori ai sistemisti veri e propri. Si occupano di aspetti pratici come la gestione dei processi di una sala macchine, installazione del software, montaggio e smontaggio di apparecchiature informatiche ed elettroniche, ecc.

Alcune considerazioni

Nelle piccole realtà lavorative spesso non esiste la distinzione tra analista e programmatore, e a volte pure il DBA e i sistemisti svolgono anche altri ruoli. Nelle grandi aziende, invece, è possibile trovare più persone che svolgono compiti analoghi e hanno competenze simili.

Analisi e schemi concettuali

L'analisi della realtà implica la scelta di un metodo di studio e di progettazione delle strutture dati e delle relazioni che esistono tra di loro. Questo è in pratica ciò che viene anche chiamato con il nome di **schema**.

Ci sono essenzialmente due strategie o metodologie nell'affrontare l'analisi di una problematica: **top-down** (dall'alto verso il basso) e **bottom-up** (dal basso verso l'alto).

Con la metodologia di tipo top-down si parte dal problema considerandolo in grandi aspetti per poi scendere nei particolari, affinando i dettagli. Il metodo bottom-up parte invece dal livello di dettaglio per arrivare gradatamente alla complessità del problema nel suo insieme.

Di solito, se non ci sono dei vincoli particolari nella scelta di certi campi, e quindi non si è obbligati a rispecchiare strutture dati preesistenti, allora conviene adottare la metodologia top-down. Il risultato finale di questo processo di affinamento sono le strutture dati vere e proprie con tanto di dettagli sui tipi e sulle dimensioni di ogni singolo campo e sulle relazioni che ci sono tra campi di una tabella o di tabelle diverse.

Supponiamo per esempio di voler gestire i dati relativi ad un istituto scolastico. Individuiamo dapprima le persone che orbitano intorno a questo ambiente: studenti, insegnanti e altro personale, come quello tecnico-amministrativo. Proseguendo nel caso di studio, ci viene spontaneo pensare agli studenti per quelle caratteristiche che hanno in comune, a partire forse dal corso di appartenenza, dalla classe frequentata, dalla sezione o dalle materie di studio, e così via. Degli insegnanti ci interesserà sapere quali materie insegnano e in quali corsi o classi. Man mano che scendiamo nei dettagli, possiamo distinguere i corsi di base (ad esempio, un biennio degli istituti tecnici) da quelli d'indirizzo (come il triennio dei soliti istituti tecnici), e possiamo inoltre distinguere le materie tra quelle tecnico-scientifiche (matematica, fisica, informatica, ecc.) e quelle umanistiche (lettere, storia, filosofia, ecc.). Degli studenti è importante memorizzare i loro dati anagrafici e il loro curriculum di studio.

Come si può notare, a partire da una problematica complessa, come la gestione dei dati relativi ad un istituto, siamo scesi man mano nei particolari, delineando le informazioni che desideriamo realmente trattare. Sarà pure importante discernere le relazioni esistenti trai singoli campi di informazione, ovvero le relazioni che esistono tra di essi. Ad esempio, ogni classe deve essere costituita da un numero minimo di studenti; gli insegnanti vengono messi in relazione con i corsi o le classi e queste sono a loro volta messe in relazione con gli studenti che le frequentano. Possiamo continuare in questo modo per varie altre relazioni.

La base dati deve essere progettata in funzione di quel che desideriamo trattare come dati e in base al modo in cui vogliamo gestire tali dati.

Per ipotesi, se non ci interessa una gestione informatizzata delle presenze e delle assenze, non siamo obbligati a prendere in considerazione tabelle e relazioni dedicate a questo. In futuro nulla però ci dovrebbe vietare di ampliare o modificare la struttura del database per gestire altre problematiche o casistiche, come quella appena citata. Riprenderemo questo esempio più avanti per esercizio.

La scelta di un metodo di rappresentazione di una base dati dipende comunque da diversi fattori. Spesso si è portati a ragionare in un modo che non troverà immediato riscontro con i mezzi che si hanno a disposizione. Gli analisti informatici ne sanno qualcosa. Se si utilizzano dei vecchi elaboratori si è per forza di cose costretti a lavorare secondo certi modelli rappresentativi, a causa delle architetture sottostanti.

Elenchiamo i modelli principali che si utilizzano per costruire un'astrazione della realtà che si intende rappresentare con le strutture dati.

Modello gerarchico

Il modello gerarchico è frutto del lavoro dei ricercatori dell'IBM che si occupavano del progetto IMS (Information Management System). Secondo tale modello, i dati sono organizzati in record per mezzo di strutture ad albero e le relazioni esistenti tra i dati stessi partono dall'alto verso il basso.

Lo schema logico che definisce la struttura e la tipologia dei dati ivi contenuti si chiama **albero di definizione**. Vi sono diversi tipi di record collegati agli altri attraverso relazioni gerarchiche; in questo modo si possono distinguere record **padre** e record **figli**. Il record di livello più alto viene considerato la **radice**, poiché non ha padri, mentre quelli di livello più basso nella scala gerarchica sono chiamati anche **foglie**. Un figlio può avere un solo padre (tutte relazioni 1 : n). Da questo si comprende che molte informazioni devono essere duplicate, aumentando così la ridondanza dei dati.

Il modello gerarchico ha delle ovvie limitazioni per quanto concerne il modo di accedere e di aggiornare i dati. Come si è visto, un grande inconveniente è la ridondanza, anche notevole, dei dati. Poi, dato che il collegamento ad alcuni record implica lo scorrimento della struttura secondo i percorsi prefissati, l'accesso alle informazioni viene appesantito. Inoltre, la cancellazione di un record implica la cancellazione di tutti gli altri collegati gerarchicamente e di livello inferiore.

Modello reticolare

La struttura del modello reticolare è simile a quella del modello gerarchico, ma, al contrario di quest'ultimo, non possiede un numero predefinito di collegamenti ai record padre. La struttura ad albero non è adatta a questa tipologia di collegamenti; la struttura dati idonea è il **grafo**.

In un grafo ogni nodo (insieme di informazioni o record) può essere collegato agli altri. Vengono introdotti alcuni record speciali per definire le relazioni tra i vari nodi e, comunque sia, i dati non sono ridondanti come nel modello gerarchico. Una relazione tra un padre A ed un figlio B viene chiamata **set**: A è il 'proprietario' (**owner**) e B il 'membro' (**member**). Un member può avere più owner, di conseguenza possono essere stabilite anche relazioni di tipo n : m. La lista completa dei nodi o member in relazione al loro proprietario viene chiamata anche **famiglia**.

Modello relazionale

Il concetto di modello relazionale venne introdotto nel 1970 da E.F. Codd che in quel periodo lavorava in IBM. Attualmente tale concetto viene considerato il fondamento teorico per i linguaggi di database. Il formato di registrazione dei dati è unico, secondo una tabella costituita da righe (**row**) e colonne (**column**). Il nome delle colonne deve essere unico all'interno della stessa tabella e i dati contenuti in una colonna devono essere tutti dello stesso tipo. Le relazioni vengono implementate con le tabelle < o tavole > (la parola inglese 'table' è parecchio ricorrente nel linguaggio) che corrispondono in pratica a dati opportunamente registrati. Naturalmente, come in tutti i sistemi di gestione di database, non ci si preoccupa di gestire i dati dal punto di vista fisico, piuttosto si lavora sulla loro astrazione logica. In sintesi, i programmatori che sono abituati a lavorare con i file posizionandosi all'inizio degli stessi, scorrendoli e controllando se sono arrivati alla fine (i lettori che hanno programmato ricorderanno forse il famoso 'EOF', 'end of file') devono cambiare completamente metodo di ragionamento.

Dobbiamo sapere che con il modello relazionale possiamo gestire le informazioni attraverso **tabelle permanenti** (i dati che vengono effettivamente memorizzati sul database), **tabelle virtuali** (dette anche viste) e **tabelle risultato** (le interrogazioni o query per estrarre le informazioni cercate).

Una riga di una tabella viene chiamata anche **tupla**, così come una colonna viene chiamata pure **dominio**. Il numero delle righe viene chiamato **cardinalità** della relazione e può variare nel tempo. Il numero delle colonne non dovrebbe variare nel tempo (a meno che non si voglia intervenire sulla tabella a livello strutturale) e viene espresso con il termine **grado**.

Si possono anche distinguere due forme nel descrivere le tabelle: **forma intensionale** (il nome della relazione seguito dai nomi degli attributi o campi) e **forma estensionale** (la tabella vera e propria ed il suo contenuto).

Un metodo semplice per esprime una relazione in forma intensionale è quello di scrivere il nome della relazione e poi elencare tra parentesi i suoi attributi; si sottolineano gli attributi, o campi, che fungono da chiavi, ad esempio:

Studente = (matricola, nome, cognome, città, provincia, anno_nascita, sesso, scuola);

In questo caso definiamo una relazione *studente* con i campi elencati sopra e associamo un codice di matricola unico, cioè posseduto solo da quella persona.

La forma estensionale prevederebbe invece una tabella con i nomi, cognomi, eccetera, di tutti gli studenti.

Possiamo anche definire una relazione *classe* dove andiamo a memorizzare la costituzione delle classi di uno o più istituti scolastici:

Classe = (codice, sezione, specializzazione, *alunno*)

In questo caso se il codice corrisponde all'anno (primo, secondo, terzo, e così via) questo campo da solo non basta a identificare la classe. Possiamo definire allora una chiave composta anche dalla sezione ('A', 'B', 'C', ecc.) e dalla specializzazione ('informatica', 'elettronica', 'liceo scientifico tecnologico', ecc.). Alla fine della relazione, come ultimo attributo, abbiamo il codice dell'alunno; anche questo sarà una chiave, ma una chiave esterna in relazione al codice di matricola dello studente.

Il modello relazionale, per definizione, deve permettere di compiere operazioni come la ricerca o la selezione di dati, attraverso le relazioni impostate (proiezioni), la fusione dei dati, l'aggiornamento semplice e multiplo, l'inserimento di nuovi dati, la cancellazione e l'ordinamento dei dati in selezione.

Tale modello ha molti vantaggi rispetto agli altri e si è andato affermando sempre più in questi ultimi anni. Oltretutto, molte software house lo hanno implementato nei loro sistemi di gestione dei database a livello nativo, per cui ci concentreremo su questo modello. SQL è il linguaggio principe nato proprio in riferimento ai database relazionali.

Si può distinguere una piccola differenza tra l'operazione di **proiezione** e quella di **selezione**. In SQL la prima corrisponde all'istruzione SELECT con i vari campi, mentre la selezione corrisponde alla clausola WHERE.

Entità e relazioni

Nel modello relazionale è più che mai importante imparare a ragionare in termini di entità e relazioni.

Un'**entità** è in pratica un oggetto definito di per sé con alcune caratteristiche dette **attributi** o **proprietà** (ad esempio, un cliente e un fornitore possono essere visti come due entità diverse con proprietà intrinsecamente diverse).

Un generico campo che ospita dati può essere in **relazione** con un altro. Nel modello relazionale la definizione delle relazioni è essenziale per legare i dati tra loro e gestirli al meglio con una certa agevolezza. Ad esempio, un cliente può avere in comune con il fornitore l'ordine che ha emesso per l'acquisto di materiale prodotto o distribuito da quel fornitore.

Esistono diversi tipi di relazioni: uno a uno (indicata anche con 1 : 1); uno a molti (1 : n); molti a uno (n : 1) o molti a molti (n : m; alcuni testi usano la forma n : n, ma quella qui riportata è da preferire per non confondere le idee, in quanto il valore di n potrebbe coincidere con quello di m, ma non necessariamente).

Illustriamo la cosa con un altro esempio pratico. Nel caso di una madre e dei suoi figli, possiamo senz'altro dire che in natura abbiamo una relazione uno a molti, in quanto una madre può avere più figli, ma gli stessi figli hanno una sola madre.

Ancora, con un altro esempio tratto dalla realtà quotidiana, vediamo il caso delle persone coinvolte in un corso scolastico, come gli insegnanti e gli studenti. Tra gli uni e gli altri abbiamo una relazione molti a molti (gli insegnanti possono avere più studenti e gli studenti possono avere più insegnanti). Si noti tuttavia il verbo 'possono': non è detto che per forza di cose in un corso ci debbano essere più studenti, in casi limite potrebbe essercene solo uno. D'altra parte un corso potrebbe avere un solo insegnante che tiene tutte le lezioni < anche se si tratta di un evento raro, non è impossibile trovare questa situazione in alcune scuole private >.

Nel caso sopra enunciato 'madre-figli', la madre è realmente tale se ha almeno un figlio, ma la relazione è valida anche se ne ha uno solo. Per questi motivi si deve ragionare affermando: "Se ne esiste almeno uno, ma ce ne possono essere anche altri" e troviamo la relazione con molti individui o elementi.

Se ad un'entità corrisponde indiscutibilmente solo un'altra entità, abbiamo allora una relazione 'uno a uno'. Un esempio tipico potrebbe essere quello di un candidato che intende partecipare a dei concorsi pubblici e che per questo, in ogni domanda, può fare la richiesta di partecipare solo ad uno specifico concorso. Se vuol partecipare a più concorsi deve obbligatoriamente compilare più domande. La relazione che lega il candidato alla domanda in questo caso è uno a molte (domande), mentre la relazione che esiste tra la domanda ed il concorso è uno a uno.

Per evitare confusione è bene chiarire che nelle pagine che seguono useremo il termine 'tabella' in riferimento alle strutture che ospitano dati, mentre con il termine 'relazione' ci riferiremo alle relazioni che ci sono tra i dati delle tabelle.

Modello entity-relationship

Per rappresentare le strutture dati si possono utilizzare vari metodi, sia scritti che grafici. Per la rappresentazione delle entità e delle relazioni è parecchio utilizzato il cosiddetto modello **entity-relationship** (ER). Non possiamo dare una traduzione diretta di questo termine, dato che la parola relationship ha un significato più profondo di **relazione**, indicando tutta la sfera di attività che attiene alla gestione delle relazioni.

In una comune e diffusa rappresentazione grafica le entità vengono rappresentate con dei rettangoli e le relazioni con dei rombi. Comunque è possibile anche descrivere le entità con rettangoli e le relazioni con delle frecce particolari che possono indicare il tipo di relazione stessa.

Per quanto riguarda i nomi da dare alle tabelle e ai file in generale, bisogna tenere conto anche di questioni di tipo pratico. Molto dipenderà dal sistema di elaborazione sul quale è stata implementata la base dati, o la si deve implementare.

Esercizio

Cercare su Internet esempi di schemi ER.

Per fare degli esempi, nelle versioni di dBASE che girano sotto DOS, i nomi delle tabelle e degli altri archivi non possono superare gli otto caratteri, a causa di ovvi limiti del sistema operativo, mentre con altri DBMS il limite è fissato in una trentina di caratteri.

Molti analisti e progettisti di sistemi informatici adottano una propria convenzione per migliorare la leggibilità dei nomi delle varie strutture. Alcuni stabiliscono a priori che i nomi non possano superare un certo numero di caratteri, anche se il sistema di gestione del database ha un limite molto superiore o addirittura non ha tale limite intrinseco. Si tratta ovviamente di scelte personali o della ditta in cui si lavora.

Per semplificare la lettura di questo testo, useremo termini semplici da leggere anche se la lunghezza degli stessi potrà superare facilmente gli otto caratteri. Del resto lo scopo di questo libro è quello di costruire didatticamente qualcosa nella mente del lettore e in tempi brevi, per cui non ci si perderà in sigle o acronimi assurdi e di difficile comprensione. Nella pratica lavorativa il lettore potrà comunque riscontrare la validità del suggerimento riportato sopra.

Identificatori per le relazioni

La progettazione di un buon database include che i dati vengano disposti in tabelle messe in relazione tra loro attraverso **identificatori unici**, che nella pratica corrispondono a campi specifici chiamati **chiavi**.

Il concetto è più semplice di quel che si possa pensare. Nella vita di tutti i giorni abbiamo spesso a che fare con dati che possiamo definire chiavi, e lo sono a tutti gli effetti per i sistemi informatici. Nella realtà quotidiana troviamo alcuni identificatori entrati nell'uso comune, ad esempio in relazione a dati fiscali o sanitari. In questo ed in altri casi il cognome ed il nome non possono certo fungere da chiave perché vi possono essere molti omonimi. Entrano in gioco allora degli identificatori unici come il codice fiscale o il codice del libretto sanitario (o il numero della tessera di previdenza sociale in altri Paesi). In questo caso tali codici <u>devono</u> essere unici, ed è lo stesso Stato che lo garantisce, provvedendoli attraverso i rispettivi Ministeri. Da qualche tempo, in Italia, il codice fiscale viene inviato a casa pochi giorni dopo la nascita di un bambino.

Mediante l'uso delle chiavi è possibile fare ricerche sui dati in modo agevole. Esistono essenzialmente tre tipi di chiavi per accedere ai dati: chiavi primarie, chiavi esterne e chiavi candidate.

Ogni **chiave primaria** identifica una sola riga (o record); una **chiave candidata** è una chiave che può diventare primaria per un record, escludendo di conseguenza le altre chiavi candidate; una **chiave esterna** è un campo speciale che fa riferimento alla chiave primaria di un'altra tabella.

Troviamo pure **chiavi composte**, ossia costituite da più campi di informazione. Per esempio, il mio codice di conto corrente bancario (CC) può essere identico a quello di tante altre persone che hanno il conto presso altri istituti di credito, ma se lo associo al codice unico della banca dove ho io il conto (codice ABI) e a quello dell'agenzia (CAB) mi ritrovo con un codice personale diverso da tutti gli altri.

I dettagli sui tipi di chiavi e sull'implementazione nel linguaggio SQL sono spiegati più avanti.

La normalizzazione

La normalizzazione è una tecnica di progettazione del database che suggerisce criteri di efficienza nel disegno della struttura delle tabelle (sia per quanto riguarda il tipo dei campi che le chiavi) al fine di eliminare la ridondanza dei dati e rendere più nitido il collegamento tra di essi attraverso l'uso delle chiavi. In pratica è un processo che permette di evitare inutili duplicazioni delle informazioni per semplificare le strutture dati e correlarle in maniera intelligente. Viene operato per affinamenti successivi e i risultati vengono chiamati **forme normali**.

La **prima forma normale** (indicata anche come **1NF**) consiste nel dividere i dati di ciascuna tabella in modo che siano dello stesso tipo, e nel definire una chiave primaria per ogni tabella. Per realizzare questo passaggio, ogni attributo di una relazione deve essere semplice e non composto.

Con la **seconda forma normale** (indicata anche come **2NF**) si procede nel togliere dalle tabelle quei dati che dipendono solo in parte dalla chiave. In altre parole, una relazione in seconda forma normale è a sua volta in prima forma normale e non ha attributi, non facenti parte della chiave, che dipendono in modo completo da essa, o in modo funzionale da un suo sottoinsieme.

Infine, la **terza forma normale** (semplicemente indicata con **3FN**) consiste nel togliere dalle tabelle quei dati che non dipendono direttamente dalla chiave primaria. Tutti gli attributi non appartenenti alla chiave primaria devono dipendere da essa in modo diretto e completo.

Si comprende quindi che se i dati sono già in terza forma normale, in pratica sono già anche in prima e seconda forma normale.

Col tempo e la pratica alcuni analisti arrivano a progettare un database direttamente in terza forma normale, o quasi, con relativa semplicità.

Capitolo 2 - Storia di SQL e panoramica del linguaggio

SQL è un linguaggio per la gestione delle basi di dati (database o DB, in forma abbreviata) fondato sulle teorie del modello relazionale.

Confronto con altri linguaggi

Comunemente molti programmatori sono abituati a lavorare con linguaggi di tipo **procedurale**. Con questo genere di linguaggi, il programmatore pensa ad un problema, o ad una classe di problemi, e cerca di risolverli attraverso la progettazione e l'utilizzo di adeguati algoritmi e strutture dati; si può ricordare al riguardo il famoso titolo di un testo di riferimento scritto dal padre del Pascal Niklaus Wirth: "Algoritmi + Strutture dati = Programmi".

In pratica gli algoritmi sono i metodi risolutivi escogitati e questi, a loro volta, devono essere tradotti in codice secondo un dato linguaggio di programmazione. In questo modo si procede *descrivendo la modalità* per giungere alla soluzione del problema.

In contrapposizione con questi tipici linguaggi di programmazione, SQL è un linguaggio **non procedurale** in quanto con esso *non* vengono descritti *i modi* di procedere per risolvere alcune operazioni, ma *cosa* si desidera ottenere, ad esempio quali dati leggere, modificare, inserire o cancellare. Per le sue caratteristiche avanzate viene anche detto che SQL è un linguaggio di **quarta generazione** (o **4GL**, 'fourth generation language') e si differenzia pertanto in modo notevole da quelli di **terza generazione** (o **3GL**, 'third generation language') come il linguaggio COBOL, il C, il C++, il Pascal, il FORTRAN e altri. Nelle implementazioni più moderne di questi ultimi linguaggi, comunque, è possibile incorporare istruzioni SQL all'interno dei programmi sorgenti, ottenendo in tal modo il codice **'embedded SQL'**, che significa **'SQL incorporato'**. Grazie a questo aspetto e alla diffusione dei database relazionali è quantomai consigliato studiare SQL come linguaggio di privilegio per la gestione delle basi di dati. Molti DBMS infatti, pur essendo dotati di un proprio vocabolario di istruzioni dedicate, di solito prevedono l'utilizzo di SQL in modo completo o quasi, per cui non ha molto senso imparare ogni volta il linguaggio dedicato quando con il semplice SQL si possono risolvere praticamente tutte le casistiche e le problematiche possibili.

Panoramica di alcuni prodotti

Per quanto riguarda i prodotti orientati a normali esigenze personali, possiamo affermare che un certo supporto al linguaggio SQL viene garantito perfino nelle vecchie versioni di **dBASE** per DOS (dalla 2 alla 5) e in **Visual dBASE** (prodotti distribuiti prima da Ashton Tate e poi da Borland) e in altri pacchetti di database come **Microsoft Access.** In particolare, quest'ultimo incorpora un RDBMS che implementa diverse istruzioni SQL. Mentre con le varie versioni di dBASE si possono operare istruzioni e query SQL solo in modalità linea di comando, con Access i comandi SQL possono essere impartiti sia all'interno di una finestra dove si può digitare testo sia attraverso la descrizione delle relazioni e delle strutture per via grafica. In effetti molte operazioni non sono fattibili 'al volo', semplicemente con qualche colpo di mouse e alcuni trascinamenti: spesso per operazioni complesse è quasi indispensabile ricorrere a SQL, anche in ambienti come Access. Questo pacchetto presenta pure alcune forme di protezione dei dati e consente di creare query registrabili anche all'interno del database. Il database e tutti i suoi oggetti risiedono su un file unico (estensione tipica **.mdb**, che significa 'Microsoft DataBase').

Spendiamo ora qualche parola per i DBMS rivolti a clienti con necessità tipo quelle di un'azienda di dimensioni medio-grandi e che devono garantire l'accesso contemporaneo a più utenti. Possiamo senz'altro citare tra i DBMS seri prodotti come lo storico DB2 di IBM, Microsoft SQL Server, i server di database di Oracle, Informix e Sybase. Più recentemente si sono affermati sullo scenario mondiale anche DBMS Open Source come PostgreSQL e MySQL.

IBM DB2

IBM può vantare un'esperienza di oltre quarant'anni nella ricerca nel campo dei DB; i risultati si vedono soprattutto nel notevole motore server di cui sono dotate le ultime versioni di **IBM DB2**. Attualmente DB2 può essere installato su varie piattaforme hardware e sistemi operativi (Linux, UNIX, Windows e sistemi mainframe).

Le versioni di DB" per Linux, UNIX e Windowsd sono ottimizzate per ottenere buone prestazioni anche con notevoli carichi di lavoro, cercando nel contempo di abbassare i costi per l'amministrazione e per la memorizzazione sui server. DB2 è disponibile anche nella versione per z/OS *; in questo caso, il fatto di avere un sistema dedicato ed ottimizzato, potrebbe permettere di ridurre ulteriormente il costo e la complessità nell'infrastruttura.

Caratterizzato da un buon rapporto prezzo/prestazioni, DB2 concede molte possibilità ai programmatori, nonché il supporto alla multimedialità.

Nel 2001 IBM ha acquisito **Informix**, una casa pioniera nell'offrire caratteristiche innovative per i propri server di database. In alcuni sondaggi, il DBMS Informix era stato votato al primo posto per il grado di soddisfazione dei clienti.

IMS

IMS (Information Management System) è un sistema di gestione di database gerarchico e transazionale di IBM.

---

* **z/OS** è un sistema operativo a 64-bit per grandi elaboratori di classe mainframe prodotto da IBM. z è l'ultima lettera dell'alfabeto e come tale serve ad indicare in modo implicito la parola 'Ultimate' Operating System e quindi ad esprimere il carattere definitivo del prodotto.

Microsoft SQL Server

SQL Server è il DBMS più all'avanguardia di Microsoft. Nel tempo varie versioni di SQL Server hanno ricevuto menzioni speciali in pubblicazioni del settore a motivo della loro versatilità, semplicità di utilizzo e basso costo. Secondo alcuni esperti si tratta del DBMS che presenta i maggiori benefici con i minori problemi di amministrazione e di conseguenza ha preso piede nel mercato delle piccole e medie aziende, specialmente laddove non si trova personale altamente specializzato in grado di operare complicate operazioni di configurazione e monitoraggio del sistema. **SQL Server 2012** è la versione corrente del prodotto e può essere installato su macchine con sistemi operativi Microsoft Windows, meglio se sulle versioni server. È una piattaforma completa di gestione, analisi e distribuzione di dati, pronta per il cloud, **per trasformare le informazioni in reali opportunità di business.**

Oracle

Oracle Corporation, società fondata nel 1977 e con sede in California, è la più importante software house al mondo dopo Microsoft. Produce molti prodotti tra i quali RDBMS per svariate piattaforme (Unix, Windows e altre) con supporto praticamente pieno di SQL; secondo molti, nel settore database è la società più affermata e specializzata. Al momento **Oracle 12c** è il prodotto d'avanguardia di Oracle e fornisce molte caratteristiche interessanti. I server di database di Oracle sono più difficili da amministrare di SQL Server e hanno un prezzo più elevato, sia per quanto riguarda la versione server sia per quanto riguarda le licenze aggiuntive per i client. D'altronde, però, i DBMS Oracle possono funzionare su diverse piattaforme e da tempo offrono un forte supporto alla multimedialità e al linguaggio Java. Esistono diverse edizioni dei DBMS Oracle:

- 'Enterprise Edition' (EE) è la versione di punta, ideale per le grandi aziende e le industrie.

- 'Standard Edition' (SE) è pensata per le aziende di medie dimensioni.

- 'Standard Edition One' è la versione progettata per le aziende medio piccole e i dipartimenti aziendali (può essere installata su server con due processori).

- 'Express Edition' ('Oracle Database XE') è l'edizione totalmente gratuita per studenti e i programmatori. Ha alcuni limiti: per ogni macchina può supportare solo un processore e un gigabyte di memoria principale e gestire al massimo quattro gigabyte su harddisk per ogni utente.

Sybase

Sybase è una società del gruppo SAP fondata in California nel 1984. Le tecnologie Sybase consentono di implementare la cosiddetta 'Unwired Enterprise', ovvero un'infrastruttura enterprise e mobile, anche nei settori più critici del commercio, della finanza, della pubblica amministrazione, della sanità e della difesa. **Sybase Adaptive Server Enterprise** (ASE) in particolare è un DBMS che presenta un ottimo rapporto prezzo/prestazioni e un supporto alla programmazione notevole e versatile (specialmente attraverso il linguaggio Java).

Sybase produce anche **Advantage Database Server** (ADS), un sistema di gestione di database relazionali client/server completo che fornisce accesso ai dati basato sia sulle tabelle ISAM (Indexed Sequential Access Method) che su SQL.

PostgreSQL

PostgreSQL supporta lo standard SQL più di ogni altro RDBMS del mondo Open Source e gira su numerosi sistemi operativi e piattaforme hardware. Dispone di moltissime caratteristiche interessanti che lo rendono un apprezzabile concorrente anche dei prodotti commerciali prima citati.

Vanta più di 15 anni di sviluppo attivo e un'architettura ben collaudata che si è guadagnata nel tempo una notevole reputazione in termini di affidabilità, integrità dei dati e precisione. Gira sulla maggior parte dei sistemi operativi: Linux, UNIX (AIX, BSD, HP-UX, SGI IRIX, Mac OS X, Solaris, Tru64) e Windows. È pienamente conforme alle specifiche ACID, supporta le foreign key, le operazioni di join, le viste, i trigger e le stored procedure (con più linguaggi). Implementa la maggior parte dei tipi di dati definiti con SQL 2008: INTEGER, NUMERIC, BOOLEAN, CHAR, VARCHAR, DATE, INTERVAL, and TIMESTAMP. Inoltre supporta la memorizzazione dei binary large objects, come immagini, suoni e video. Prevede inoltre intefacce di programmazione native per i linguaggi C/C++, Java, .Net, Perl, Python, Ruby, Tcl, ODBC, oltre a molta discreta documentazione.

PostgreSQL Si può definire a tutti gli effetti un DBMS di classe enterprise. I DBMS PostgreSQL si sono meritati vari riconoscimenti dai propri utenti e dal mondo industriale, compreso il *'Linux New Media Award for Best Database System'* e cinque volte vincitore del titolo *'The Linux Journal Editors' Choice Award for best DBMS'*.

MySQL

Appena affacciato nel mondo dei DBMS, **MySQL** è venuto subito alla ribalta per le sue ottime performance, imponendosi come DBMS Open Source più famoso al mondo. Anche se inizialmente poteva essere installato solo sulle varianti del SO Linux, attualmente è disponibile per oltre 20 piattaforme e sistemi operativi, tra cui Linux, Unix, MacOS e Windows. Nel tempo ha ottenuto un crescente successo, soprattutto tra gli sviluppatori orientati alle applicazioni Web. La società MySQL è stata acquisita nel 2008 da Sun Microsystems e solo un anno dopo Sun è stata acquisita a sua volta da Oracle. Ad ogni modo, per ora Oracle sembra interessata a continuare a supportare lo sviluppo dei DBMS MySQL prevedendo versioni gratuite e altre a pagamento. MySQL Community Edition (in licenza GPL) è la versione scaricabile gratuitamente, mentre per soddisfare specifiche esigenze aziendali e tecniche sono disponibili a pagamento le edizioni:

- MySQL Standard Edition
- MySQL Enterprise Edition
- MySQL Cluster Carrier Grade Edition

Lo scopo di questo libro non è quello di parlare di un DBMS specifico, anche se per completezza dell'argomento verranno fatti dei riferimenti a server di database affermati. Visto che SQL è supportato da tutti i seri prodotti del settore, è importante comprendere la logica del linguaggio e analizzare le caratteristiche comuni o vicine allo standard.

Le caratteristiche del linguaggio SQL

La potenza descrittiva di SQL dipende pure dal fatto che il suo vocabolario include un numero di istruzioni piuttosto limitato, ma al tempo stesso molto flessibile. Del resto è giusto che sia così: una sintassi complicata e con troppe istruzioni comporta sforzi per ricordarla, non agevolando affatto lo sviluppo e l'implementazione delle interrogazioni alle strutture dati. In contrasto con i linguaggi tradizionalmente più complicati, SQL esce agevolmente dalla mischia e si rivela il linguaggio ideale per i database relazionali.

Alcune istruzioni, ad esempio, sono le stesse usate in riferimento sia a tabelle che a viste. Per capire meglio la versatilità del linguaggio, possiamo affermare che per selezionare più campi di informazione contemporaneamente basterà digitare una sola volta il comando SELECT seguito dai nomi dei campi, separandoli semplicemente con delle virgole.

Riferimenti e standardizzazione

Come per tutti i linguaggi che si rispettino, anche SQL ha seguito un iter di standardizzazione. L'istituto che si è occupato di questi aspetti è il famoso **ANSI** (American National Standard Institute, Istituto Nazionale Americano per la Standardizzazione) che sviluppa e pubblica standard industriali e rappresenta l'**ISO** (International Organization for Standard) negli Stati Uniti.

Nel 1987 il comitato ISO adottò la prima versione standard di SQL, l'ANSI **SQL-86**. La versione successiva standardizzata e utilizzata come riferimento si è avuta nel 1989 (ANSI **SQL-89**) mentre le implementazioni di SQL a disposizione sul mercato alla fine degli anni novanta facevano riferimento alla standardizzazione ANSI **SQL-92** (che alcuni chiamano semplicemente **SQL2**). Nel 1999 l'ANSI ha rilasciato lo standard ANSI **SQL-99** (**SQL3**) che non fu adottato immediatamente dai DBMS commerciali. La quarta versione, **SQL 2003**, ha introdotto alcune caratteristiche a supporto del linguaggio XML, le funzioni window, le sequenze standardizzate e le colonne con i valori autogenerati (incluse le identity-columns). Nel 2006 è uscita la versione **SQL 2006** che, oltre ad ampliare il supporto a XML, ha permesso di integrare nel codice SQLXQuery, il linguaggio di Query per XML pubblicato dal W3C (World Wide Web Consortium) per permettere l'accesso a dati ordinari via SQL e ai documenti XML. Nel 2008 è uscita la sesta versione dello standard, **SQL 2008**, che aggiunge il supporto alla clausola ORDER BY fuori della definizione dei cursori e i trigger di tipo INSTEAD OF, oltre a supportare ufficialmente l'istruzione TRUNCATE. Nel dicembre 2011 è stata adottata formalmente la settima versione di SQL con le specifiche **ISO/IEC 9075:2011** e titolo "Information technology – Database languages – SQL", chiamata in sintesi **SQL 2011**. Naturalmente il linguaggio SQL continua a seguire l'iter di standardizzazione del comitato ANSI.

Per poter definire i propri DBMS compatibili con le specifiche ufficiali, i fornitori devono garantire la conformità con lo standard del linguaggio. Questa compatibilità è a vari livelli, chiamati 'livelli di conformità'. Spesso capita che fornitori non riescano a supportare velocemente con i propri DBMS le caratteristiche di uno standard appena definito. È quindi importante consultare la documentazione ufficiale o i siti Web per confrontare tra loro i vari prodotti e operare una scelta consapevole in base alle proprie esigenze.

La documentazione ufficiale sulle versioni standard di SQL si può ottenere con una spesa che va dai cento ai duecento dollari; per ulteriori informazioni si può consultare il sito www.ansi.org, mentre per saperne di più sull'organizzazione ISO, il sito Web di riferimento è www.iso.org.

Gli esempi riportati in questo libro possono essere provati sulle versioni gratuite di MySQL o su **Oracle Database 10g Express Edition**. Versioni di prova dei DBMS Oracle possono essere scaricate all'indirizzo www.oracle.com (per riferimenti più dettagliati, si consulti l'Appendice C).

Anche se di per sé SQL non consente le tipiche operazioni dei linguaggi procedurali, molti fornitori di sistemi di gestione dei database hanno ampliato il linguaggio fornendone estensioni. Oracle per esempio mette a disposizione dei programmatori il linguaggio **PL/SQL**, un linguaggio procedurale strutturato a blocchi che permette di utilizzare oltre alle istruzioni tipiche dell'SQL anche istruzioni per i cicli (loop, cicli di base, while e for), comandi per l'assegnamento delle variabili e costanti, sia in relazione a record che array e array di record. PL/SQL consente anche la gestione degli errori e delle eccezioni, e ha diverse opzioni di debugging. Similmente anche SQL Server e Sybase hanno un'estensione del linguaggio SQL chiamata **Transact-SQL** (a volte abbreviato con **T-SQL**), mentre PostgreSQL prevede un linguaggio analogo chiamato **PL/pgSQL** (Procedural Language/PostgreSQL Structured Query Language) che somiglia molto al PL/SQL di Oracle.

Tipi di istruzioni in SQL

Le istruzioni di SQL standard possono essere suddivise essenzialmente in due gruppi: istruzioni per la definizione delle strutture dati (**DDL**, Data Definition Language) e istruzioni per la manipolazione, o modifica, dei dati (**DML**, Data Manipulation Language).

Altre istruzioni particolari, che dipendono dall'implementazione del database, sono le **TCL** (Transaction Control Language); queste permettono di gestire le transazioni. Una **transazione** è una sequenza di comandi SQL che il database considera come una singola entità. Può essere vista anche come una unità logica di lavoro.

Anche se in questo testo si parla di SQL in generale privilegiando le versioni standard, gli esempi proposti sono stati provati in ambienti Oracle o MySQL. Con l'implementazione SQL di Oracle, di solito le istruzioni del linguaggio devono essere terminate con il simbolo ';' (punto e virgola). In altre versioni questo non è necessario, ma probabilmente bisogna digitare una parola di conferma del comando.

Per agevolare la descrizione di SQL e la lettura degli esempi e della sintassi, si riporteranno in maiuscolo le istruzioni del linguaggio e le parole riservate, mentre in minuscolo i nomi di campi, valori e quant'altro che non appartenga alle parole chiave del linguaggio stesso.

Secondo le regole dell'SQL standard, le istruzioni possono essere digitate indifferentemente in maiuscolo che in minuscolo. Tuttavia questo non è valido in alcuni ambienti, per cui si rimanda alla documentazione ufficiale per un confronto.

Le istruzioni di tipo DDL (Data Definition Language)

Si ricorda che con il termine struttura intendiamo un elemento qualsiasi tra questi: una tabella, una vista, un sinonimo o un indice. Queste istruzioni inoltre fanno riferimento alla costituzione stessa della strutture dati indipendentemente dai dati finali che popoleranno tali strutture.

CREATE

Si usa per creare una struttura con un certo nome secondo le specifiche date.

DROP

Si utilizza per eliminare una struttura esistente.

ALTER

Si utilizza per alterare una struttura esistente, ad esempio per aggiungere una o più colonne ad una tabella.

GRANT

Assegna dei privilegi ai soggetti indicati.

REVOKE

Si utilizza per revocare i privilegi indicati.

RENAME

Citiamo questa istruzione anche se non appartiene allo standard SQL; alcuni ambienti mettono a disposizione RENAME per rinominare oggetti.

Le istruzioni di tipo DML (Data Manipulation Language)

Le istruzioni DML si riferiscono in particolare alla manipolazione dei dati che si trovano all'interno delle strutture senza modificare il modo in cui sono fatte le strutture dati.

DELETE

Serve ad eliminare le righe specificate da una tabella o da una vista che sia aggiornabile.

INSERT

Questa istruzione permette di aggiungere nuove righe in una tabella o vista aggiornabile.

SELECT

Si utilizza per selezionare dati dalle righe di una o più tabelle e/o viste.

UPDATE

Questa istruzione consente di aggiornare i dati nelle righe selezionate di una tabella o di una vista che sia comunque aggiornabile.

TRUNCATE

Anche se presente nei sistemi Oracle da molto tempo, questa istruzione è stata inserita nelle istruzioni standard ANSI e quindi nelle implementazioni degli altri DBMS solo da pochi anni. TRUNCATE consente di eliminare velocemente tutti i dati da una tabella senza alterare o distruggere la struttura della stessa. Con i sistemi Oracle, l'operazione viene immediatamente confermata, mentre in altri sistemi, come SQL Server e PostgreSQL, è possibile gestire l'operazione come una qualsiasi transazione. Il comportamento dei sistemi MySQL dipende invece dal motore scelto per la creazione della tabella.

Le istruzioni di tipo TCL (Transaction Control Language)

Le istruzioni principali che permettono di gestire le transazioni sono COMMIT e ROLLBACK.

COMMIT

Serve a confermare le ultime operazioni impartite dopo una transazione avvenuta.

ROLLBACK

Permette di ripristinare le condizioni precedenti alle ultime operazioni impostate. Dopo la parola chiave ROLLBACK si può digitare anche la parola WORK, che comunque è opzionale, per mantenere la compatibilità con l'SQL di alcuni DBMS.

SAVEPOINT

Inserisce un punto di SAVEPOINT per poter annullare solo parte delle modifiche apportate.

La sintassi completa di tutte queste istruzioni, anche se di per sé può essere già molto intuitiva, verrà descritta in modo più esauriente di volta in volta nelle pagine che seguono.

Le istruzioni SQL digitate vengono lette da un sistema che si occupa del controllo semantico e sintattico, e poi provvede all'interpretazione e all'esecuzione del codice. A seconda del tipo di lettore di istruzioni SQL potrebbe essere necessario 'spezzare' la riga: se questa è troppo lunga il comando potrebbe non essere accettato e in questo caso si deve necessariamente ricorrere all'inserimento dei dati con più righe.

Ad ogni modo, nei DBMS moderni le istruzioni vengono ottimizzate da un modulo chiamato **Query-Optimizer**.

Tipi di dati

SQL permette di gestire essenzialmente tre gruppi di tipi di dati:

- numerici
- carattere
- temporali

A loro volta i tipi numerici possono essere **esatti** (cioè tutti quelli che sono di tipo intero) o **approssimati** (le rappresentazioni di numeri con cifre decimali e dotati quindi di una certa precisione).

I tipi carattere possono consistere in **singoli** caratteri o **stringhe** (sequenze di caratteri di varia dimensione).

I dati temporali hanno a che fare con il tempo: **date**, **orari** e **intervalli** di tempo. Per una considerazione approfondita si consiglia di leggere la "Appendice B", che spiega le diverse implementazioni dei tipi di dati in riferimento a vari DBMS. Negli esempi che faremo nelle pagine seguenti, comunque, si vedrà come realizzare in pratica la creazione di strutture dati con tipi di dati appropriati.

Vincoli sui dati

SQL permette di impostare vincoli sulle colonne delle tabelle in modo tale da consentire al DBMS di memorizzare solo informazioni coerenti con lo schema stabilito. In questo modo ci si slega da numerosi controlli che normalmente il programmatore doveva includere all'interno delle procedure di gestione degli applicativi.

Esistono essenzialmente tre gruppi di vincoli:

1. vincoli di controllo
2. vincoli di riferimento
3. vincoli di unicità

Oltre a questi è anche possibile definire se un campo di informazione deve essere **NOT NULL** (non nullo), ossia se deve contenere obbligatoriamente un valore.

I dettagli sui vincoli e sulla loro implementazione nel linguaggio SQL vengono approfonditi nella parte relativa alla creazione delle tabelle e alla loro modifica strutturale.

Parole riservate del linguaggio SQL

Può essere utile al lettore avere un riferimento per le parole riservate, ovvero quei termini che non possono essere utilizzati per gli identificatori perché già fanno parte del linguaggio SQL.

Per un confronto con un tipico sistema commerciale e uno Open Source, si elencano le parole riservate in Microsoft SQL Server 2000 (Tabella 2.1) e in MySQL (Tabella 2.2).

Tabella 2.1: Parole riservate in Microsoft SQL Server 2000

ADD	EXCEPT	PERCENT
ALL	EXEC	PLAN
ALTER	EXECUTE	PRECISION
AND	EXISTS	PRIMARY
ANY	EXIT	PRINT
AS	FETCH	PROC
ASC	FILE	PROCEDURE
AUTHORIZATION	FILLFACTOR	PUBLIC
BACKUP	FOR	RAISERROR
BEGIN	FOREIGN	READ
BETWEEN	FREETEXT	READTEXT
BREAK	FREETEXTTABLE	RECONFIGURE
BROWSE	FROM	REFERENCES
BULK	FULL	REPLICATION
BY	FUNCTION	RESTORE

CASCADE	GOTO	RESTRICT
CASE	GRANT	RETURN
CHECK	GROUP	REVOKE
CHECKPOINT	HAVING	RIGHT
CLOSE	HOLDLOCK	ROLLBACK
CLUSTERED	IDENTITY	ROWCOUNT
COALESCE	IDENTITY_INSERT	ROWGUIDCOL
COLLATE	IDENTITYCOL	RULE
COLUMN	IF	SAVE
COMMIT	IN	SCHEMA
COMPUTE	INDEX	SELECT
CONSTRAINT	INNER	SESSION_USER
CONTAINS	INSERT	SET
CONTAINSTABLE	INTERSECT	SETUSER
CONTINUE	INTO	SHUTDOWN
CONVERT	IS	SOME
CREATE	JOIN	STATISTICS
CROSS	KEY	SYSTEM_USER
CURRENT	KILL	TABLE
CURRENT_DATE	LEFT	TEXTSIZE
CURRENT_TIME	LIKE	THEN
CURRENT_TIMESTAMP	LINENO	TO
CURRENT_USER	LOAD	TOP
CURSOR	NATIONAL	TRAN
DATABASE	NOCHECK	TRANSACTION
DBCC	NONCLUSTERED	TRIGGER
DEALLOCATE	NOT	TRUNCATE
DECLARE	NULL	TSEQUAL
DEFAULT	NULLIF	UNION
DELETE	OF	UNIQUE
DENY	OFF	UPDATE

DESC	OFFSETS	UPDATETEXT
DISK	ON	USE
DISTINCT	OPEN	USER
DISTRIBUTED	OPENDATASOURCE	VALUES
DOUBLE	OPENQUERY	VARYING
DROP	OPENROWSET	VIEW
DUMMY	OPENXML	WAITFOR
DUMP	OPTION	WHEN
ELSE	OR	WHERE
END	ORDER	WHILE
ERRLVL	OUTER	WITH
ESCAPE	OVER	WRITETEXT

Tabella 2.2: Parole riservate in MySQL

ADD	ALL	ALTER
ANALYZE	AND	AS
ASC	AUTO_INCREMENT	BDB
BERKELEYDB	BETWEEN	BIGINT
BINARY	BLOB	BOTH
BY	CASCADE	CASE
CHANGE	CHAR	CHARACTER
COLUMN	COLUMNS	CONSTRAINT
CREATE	CROSS	CURRENT_DATE
CURRENT_TIME	CURRENT_TIMESTAMP	DATABASE
DATABASES	DAY_HOUR	DAY_MINUTE
DAY_SECOND	DEC	DECIMAL
DEFAULT	DELAYED	DELETE
DESC	DESCRIBE	DISTINCT
DISTINCTROW	DOUBLE	DROP
ELSE	ENCLOSED	ESCAPED
EXISTS	EXPLAIN	FIELDS
FLOAT	FOR	FOREIGN
FROM	FULLTEXT	FUNCTION
GRANT	GROUP	HAVING
HIGH_PRIORITY	HOUR_MINUTE	HOUR_SECOND
IF	IGNORE	IN

INDEX	INFILE	INNER
INNODB	INSERT	INSERT_ID
INT	INTEGER	INTERVAL
INTO	IS	JOIN
KEY	KEYS	KILL
LAST_INSERT_ID	LEADING	LEFT
LIKE	LIMIT	LINES
LOAD	LOCK	LONG
LONGBLOB	LONGTEXT	LOW_PRIORITY
MASTER_SERVER_ID	MATCH	MEDIUMBLOB
MEDIUMINT	MEDIUMTEXT	MIDDLEINT
MINUTE_SECOND	MRG_MYISAM	NATURAL
NOT	NULL	NUMERIC
ON	OPTIMIZE	OPTION
OPTIONALLY	OR	ORDER
OUTER	OUTFILE	PARTIAL
PRECISION	PRIMARY	PRIVILEGES
PROCEDURE	PURGE	READ
REAL	REFERENCES	REGEXP
RENAME	REPLACE	REQUIRE
RESTRICT	RETURNS	REVOKE
RIGHT	RLIKE	SELECT
SET	SHOW	SMALLINT
SONAME	SQL_AUTO_IS_NULL	SQL_BIG_RESULT
SQL_BIG_SELECTS	SQL_BIG_TABLES	SQL_BUFFER_RESULT
SQL_CALC_FOUND_ROWS	SQL_LOG_BIN	SQL_LOG_OFF
SQL_LOG_UPDATE	SQL_LOW_PRIORITY_UPDATES	SQL_MAX_JOIN_SIZE
SQL_QUOTE_SHOW_CREATE	SQL_SAFE_UPDATES	SQL_SELECT_LIMIT
SQL_SLAVE_SKIP_COUNTER	SQL_SMALL_RESULT	SQL_WARNINGS
SSL	STARTING	STRAIGHT_JOIN
STRIPED	TABLE	TABLES
TERMINATED	THEN	TINYBLOB
TINYINT	TINYTEXT	TO
TRAILING	UNION	UNIQUE
UNLOCK	UNSIGNED	UPDATE
USAGE	USE	USER_RESOURCES
USING	VALUES	VARBINARY
VARCHAR	VARYING	WHEN

WHERE	WITH	WRITE
YEAR_MONTH	ZEROFILL	

Curiosare nel dizionario dei dati

Ci sono varie strutture che consentono di visualizzare le informazioni presenti nel dizionario dei dati. Per esempio, con i sistemi Oracle si hanno a disposizione informazioni sulle proprietà dell'utente, sugli oggetti del database, sui constraint, sui segmenti e gli spazi allocati (extent o estensioni) per le registrazioni e altro ancora. Molti di questi termini li vedremo fra poco.

Il Data Dictionary di Oracle prevede tre grandi gruppi di informazioni:

1. USER_XXXXX   il gruppo relativo a ciò che è di proprietà
    dell'utente;

2. ALL_XXXXX   il gruppo relativo a ciò che è accessibile
    dall'utente;

3. DBA_XXXXX   il gruppo relativo a quello che solo gli utenti
    con particolari privilegi possono gestire.

Il riferimento agli oggetti del dizionario dei dati è visibile attraverso apposite istruzioni SQL. Oracle, per esempio, mette a disposizione alcune tabelle speciali che contengono dati significativi e interessanti da vedere. Riferendoci a strutture specifiche, la tabella USER_TABLES fornisce dati sui nomi delle tabelle utilizzate e altre informazioni che possono risultare utili al DBA per gestire gli extent.

```
DESC USER_TABLES
```

Fornirà un risultato analogo a questo:

```
Name                              Null?      Type
-------------------------------   --------   ----
TABLE_NAME                        NOT NULL   VARCHAR2(30)
TABLESPACE_NAME                   NOT NULL   VARCHAR2(30)
CLUSTER_NAME                                 VARCHAR2(30)
PCT_FREE                                     NUMBER
PCT_USED                          NOT NULL   NUMBER
INI_TRANS                         NOT NULL   NUMBER
MAX_TRANS                         NOT NULL   NUMBER
INITIAL_EXTENT                               NUMBER
NEXT_EXTENT                                  NUMBER
```

MIN_EXTENTS	NUMBER
MAX_EXTENTS	NUMBER
PCT_INCREASE	NUMBER
FREELISTS	NUMBER
FREELIST_GROUPS	NUMBER
BACKED_UP	VARCHAR2(1)
NUM_ROWS	NUMBER
BLOCKS	NUMBER
EMPTY_BLOCKS	NUMBER
AVG_SPACE	NUMBER
CHAIN_CNT	NUMBER
AVG_ROW_LEN	NUMBER
DEGREE	VARCHAR2(10)
INSTANCES	VARCHAR2(10)
CACHE	VARCHAR2(5)
TABLE_LOCK	VARCHAR2(8)

Il ';' dopo l'istruzione DESC non è sempre necessario. In ambiente Oracle si può omettere senza problemi.

Tra le varie informazioni vediamo che negli RDMBS Oracle, da come si può capire attraverso questa DESC, il nome delle tabelle non può superare i 30 caratteri; TABLE_NAME è definito infatti come NOT NULL VARCHAR2(30).

Facciamo qualche altro esempio. Con la seguente istruzione è possibile visualizzare le informazioni relative agli utenti:

```
SELECT *
FROM USER_USERS;
```

In questo modo possiamo capire anche con che nome siamo connessi e cosa possiamo fare.

Per vedere invece la struttura della vista in questione si utilizza il comando:

```
DESC USER_USERS
```

Per vedere invece l'elenco di tutti gli utenti che operano sul database, possiamo digitare:

```
SELECT *
FROM ALL_USERS;
```

Per visualizzare che genere di privilegi abbiamo, possiamo digitare:

```
SELECT *
FROM USER_SYS_PRIVS;
```

Per vedere su quali tabelle (o, per meglio dire, oggetti) possiamo lavorare, dobbiamo digitare:

```
SELECT *
FROM USER_CATALOG;
```

oppure, in forma abbreviata,

```
SELECT *
FROM  CAT;
```

La forma strutturale (a prescindere dal contenuto) si può invece visualizzare tramite il comando:

```
DESC USER_CAT
```

Per visualizzare le tavole di altri utenti che ci hanno dato l'accesso ai propri dati, possiamo utilizzare il comando:

```
SELECT *
FROM ALL_TABLES;
```

Il comando da prompt:

```
DESC TABS
```

è equivalente a DESC USER_TABLES, poiché TABS è uno pseudonimo di USER_TABLES.

Per vedere i nomi delle tabelle che possiamo gestire, basta digitare:

```
SELECT TABLE_NAME
FROM TABS;
```

In modo analogo, è possibile visualizzare come è strutturata la speciale tabella USER_VIEWS, che raccoglie informazioni sulle viste. USER_VIEWS è un nome che si può abbreviare anche con VIEWS. Il comando seguente:

```
DESC USER_VIEWS
```

propone queste informazioni:

```
Name                           Null?     Type
------------------------------ --------  ----
VIEW_NAME                      NOT NULL VARCHAR2(30)
TEXT_LENGTH                             NUMBER
TEXT                                    LONG
```

Per visualizzare i nomi delle viste presenti nel DB, possiamo utilizzare questa query:

```
SELECT VIEW_NAME
FROM USER_VIEWS;
```

Se richiamiamo la DESC su una struttura che non esiste nel dizionario dei dati, il sistema risponde con un messaggio del genere (in questo caso il risultato proviene da Oracle):

```
Object does not exist.
```

Per visualizzare le informazioni sugli indici digitiamo:

```
DESC USER_INDEXES
```

e otteniamo un elenco come questo:

```
Name                           Null?     Type
------------------------------ --------  ----
INDEX_NAME                     NOT NULL VARCHAR2(30)
```

```
TABLE_OWNER                          NOT NULL VARCHAR2(30)
TABLE_NAME                           NOT NULL VARCHAR2(30)
TABLE_TYPE                                    VARCHAR2(11)
UNIQUENESS                                    VARCHAR2(9)
TABLESPACE_NAME                      NOT NULL VARCHAR2(30)
INI_TRANS                            NOT NULL NUMBER
MAX_TRANS                            NOT NULL NUMBER
INITIAL_EXTENT                                NUMBER
NEXT_EXTENT                                   NUMBER
MIN_EXTENTS                          NOT NULL NUMBER
MAX_EXTENTS                          NOT NULL NUMBER
PCT_INCREASE                         NOT NULL NUMBER
FREELISTS                                     NUMBER
FREELIST_GROUPS                               NUMBER
PCT_FREE                             NOT NULL NUMBER
BLEVEL                                        NUMBER
LEAF_BLOCKS                                   NUMBER
DISTINCT_KEYS                                 NUMBER
AVG_LEAF_BLOCKS_PER_KEY                        NUMBER
AVG_DATA_BLOCKS_PER_KEY                        NUMBER
CLUSTERING_FACTOR                             NUMBER
STATUS                                        VARCHAR2(11)
```

Per ottenere informazioni su come viene memorizzato il codice all'interno del database, si può digitare:

```
DESC USER_SOURCE
```

```
Name                             Null?    Type
-------------------------------- -------- ----
NAME                             NOT NULL VARCHAR2(30)
TYPE                                      VARCHAR2(12)
LINE                             NOT NULL NUMBER
TEXT                                      VARCHAR2(2000)
```

Mentre con l'istruzione:

```
SELECT * FROM USER_SOURCE;
```

otteniamo a video eventuale codice sorgente associato al database.

Capitolo 3 - Definizione delle strutture dati e inserimenti

Con SQL si può lavorare essenzialmente sulle seguenti strutture dati:

1. interi database
2. tabelle
3. viste
4. indici

In tutto questo il ruolo fondamentale viene giocato dall'istruzione CREATE.

Panoramica sulla creazione e modifica di strutture ed elementi

```
CREATE INDEX nome_indice...
```
Crea un indice in base ai valori di una o più colonne di tabella.

```
CREATE SYNONYM nome_sinonimo...
```
Definisce un nome alternativo per una tabella o vista.

```
CREATE TABLE nome_tabella...
```
Crea una nuova tabella, definendone le colonne.

```
CREATE VIEW nome_vista...
```
Crea una tabella virtuale in base alle colonne di altre tabelle o viste.

```
ALTER TABLE nome_tabella...
```
Aggiunge una o più colonne nuove ad una tabella esistente o modifica i vincoli associati alla tabella.

41

Creazione di database

La maggior parte dei DBMS permette di creare database tramite la seguente sintassi:

```
CREATE DATABASE nome_database;
```

Volendo fare un esempio pratico, per creare il database relativo alla gestione del personale di un'azienda, possiamo semplicemente digitare come prima cosa:

```
CREATE DATABASE personale;
```

Nel provare le istruzioni, in genere non importa preoccuparsi troppo di fare danni. Se come utenti non vi è stata concessa questa possibilità, il messaggio di risposta del DBMS dovrebbe essere qualcosa di simile a questo:

insufficient privileges.

dopo il relativo codice di errore.

Con alcuni DBMS (come quelli conformi allo standard ANSI fino alla versione di SQL-99) non viene supportato in modo esplicito il comando CREATE DATABASE. Per far questo si dovrebbero utilizzare i comandi CREATE SCHEMA e CREATE CATALOG. In effetti, con SQL-99 si potrebbe creare un database direttamente con l'istruzione:

```
CREATE nome_database
```

dove *nome_database* è il nome associato al database. Dopodiché è necessario far afferire al database appena creato gli oggetti che lo compongono (tabelle, viste, ecc.) e inserirvi i dati relativi.

Con i sistemi MySQL, a partire dalla versione 5 in poi, CREATE SCHEMA equivale correttamente al comando CREATE DATABASE per mantenere compatibilità con passato.

Nei sistemi Oracle, invece, il comando CREATE DATABASE è molto più potente di altri DBMS, in quanto viene utilizzato anche per eliminare il database (il comando DROP DATABASE, che vedremo più avanti, non veniva supportato prima dalla versione 10g). Per questo motivo è preferibile che venga utilizzato solo dai DBA.

Per descrivere come far afferire tabelle e viste ad un database, dato che le implementazioni variano, conviene studiare la manualistica in dotazione relativa al proprio DBMS.

Tabelle

Una tabella (o 'tavola', il termine si può usare in modo interscambiabile) è una struttura bidimensionale, nel senso che i dati possono essere individuati all'intersezione di righe e di colonne. I nomi delle colonne sono in pratica i nomi dei campi, mentre ogni riga è un record di informazione, ossia un insieme di campi o attributi, anche se non viene memorizzato fisicamente come i classici record di altri linguaggi.

Quando si desidera creare una tabella, ovviamente la si deve definire dandole un nome e indicando anche il nome e il tipo dei dati delle relative colonne. Per far questo, si capisce che prima di tutto occorre pensare attentamente alla forma strutturale della tabella stessa, e magari scriverla su un foglio di carta.

Scendendo nei particolari possiamo dire che per risolvere un tipico problema di gestione delle informazioni attraverso un database, si deve costruire in pratica un insieme di tabelle correlate tra loro secondo opportuni criteri.

In realtà la progettazione di un database non è così immediata come potrebbe sembrare, anzi è piuttosto complessa in quanto richiede un attento lavoro di analisi.

L'analisi è uno studio della realtà che si desidera concretizzare attraverso archivi ragionati e correlati tra loro. L'analista infatti ha il compito di studiare la problematica che gli viene proposta dal cliente del prodotto finito.*

In sintesi, la progettazione del database implica la progettazione delle tabelle che lo costituiranno e delle relazioni tra le stesse; in pratica, significa rappresentare la realtà e le relazioni presenti tra i dati scelti. Durante la fase di progettazione si devono scegliere opportunamente le colonne che serviranno per stabilire le relazioni tra i dati (le chiavi) e si deve tener conto del processo di normalizzazione.

* Nota

Con il termine **'cliente'** s'intende chiunque sia il destinatario del software, quindi non solo il cliente di una software-house, ma anche l'insegnante che chiede lo svolgimento di un determinato compito allo studente e perfino il collega che ha bisogno di un particolare programma applicativo per rispondere alle sue esigenze lavorative.

Chiavi primarie (primary keys)

Una chiave primaria (**primary key**) è una colonna della tabella (o una combinazione di colonne, nel qual caso si chiama **chiave primaria composta**) che permette di identificare univocamente le righe della tabella. Due diverse righe non possono avere mai lo stesso valore nella primary key e ad ogni riga deve corrispondere sempre un valore. La chiave primaria non può essere nulla.

Chiavi candidate (candidate keys)

Una **chiave candidata** è una colonna (o una combinazione di colonne) che può essere scelta come chiave primaria. Dopo aver scelto tra le colonne, o tra le combinazioni di esse, la chiave primaria, le altre diventano di conseguenza **chiavi alternative** o **unique**

keys. Quindi, anche se in alcune tabelle possono esserci più colonne candidate a fungere da chiave primaria, una sola viene considerata dal progettista la primary key.

Chiavi esterne (foreign keys)

Una **chiave esterna (foreign key)** è una colonna di una tabella (o una combinazione di colonne) che fa riferimento a una primary key o una unique key della stessa tabella o di un'altra tabella (di solito, comunque, non può far riferimento ad una tabella di un database remoto).

Ovviamente si tratta di riferimenti logici e non di puntatori fisici. Il dover mantenere tale corrispondenza tra queste colonne rientra nella cosiddetta **integrità referenziale**, che è una caratteristica fondamentale dei database relazionali. Per tale motivo il vincolo di chiave esterna viene chiamato anche **vincolo di integrità referenziale**.

Anche in questo caso, se la foreign key fa parte di una primary key non può essere nulla.

Creazione di una tabella

La sintassi estesa per creare una tabella con N campi (o N colonne) è la seguente:

```
CREATE TABLE nome_tabella
(nome_campo1 tipo_campo1(dimensione),
 nome_campo2 tipo_campo2(dimensione),
 ...
 nome_campoN tipo_campoN(dimensione));
```

Tra la definizione di una colonna e un'altra si deve inserire semplicemente la virgola. L'implementazione SQL di CREATE TABLE negli ambienti Oracle consente anche di inserire alla fine dell'istruzione CREATE classica la clausola:

```
AS subquery
```

che permette di inserire righe ottenute da una subquery nella tabella appena creata.

Alcuni esempi

Creiamo un semplice elenco di nomi e cognomi che potrà servire in seguito e chiamiamo tale tabella *elenco*:

```
CREATE TABLE elenco
(cognome CHAR(20),
 nome CHAR(20));
```

Talvolta le istruzioni di CREATE TABLE vengono scritte con l'ultima parentesi chiusa inserita in una nuova riga, come segue:

```
CREATE TABLE elenco
(cognome CHAR(20),
 nome CHAR(20)
);
```

Ovviamente non si tratta di una regola, ma può tornare utile per migliorare la leggibilità. Spesso non si segue questa indicazione per motivi di spazio o perché il numero dei campi è molto limitato. Alcuni sviluppatori digitano le istruzioni senza neanche ricorrere all'indentazione, ovvero scrivendo tutto senza inserire spazi a sinistra, prima delle parole, come segue:

```
CREATE TABLE elenco
(cognome CHAR(20),
nome CHAR(20));
```

Anche questo non è sbagliato ma, come si può notare, può confondere un po' il lettore. Ad ogni modo, una volta scelto un metodo per scrivere le proprie istruzioni, sarebbe utile rimanere in linea con le scelte adottate.

Facciamo ora un altro esempio pratico. Supponiamo di voler costruire una tabella, relativa a degli studenti, definita secondo la seguente forma strutturale:

Nome del campo	Descrizione
matricola	codice numerico associato allo studente (intero)
cognome	stringa di caratteri
nome	stringa di caratteri
anno_nascita	numero intero di quattro cifre
sesso	basta un carattere: 'M' o 'F'

scuola	scuola di appartenenza (stringa di caratteri)
indirizzo	indirizzo dello studente (stringa di caratteri)
città	città dove risiede lo studente (stringa di caratteri)
CAP	codice di avviamento postale di residenza (numero di cinque cifre)
provincia	provincia di residenza (due caratteri, secondo la targa automobilistica)

Tabella 3.1: La struttura dati *studenti*

Visto che abbiamo bisogno di creare una struttura di questo genere, un'analisi di massima con i dati appena enunciati potrebbe essere sufficiente. Tuttavia dobbiamo pensare al fatto che ogni campo deve essere ben definito anche in relazione alla sua dimensione. Ogni informazione che s'intende registrare, infatti, andrà fisicamente ad occupare un po' di spazio in memoria di massa (di solito l'hard disk del computer che ospita il database, magari il nodo server remoto). Vediamo allora come un'implementazione, che dovrebbe rispecchiare le nostre specifiche iniziali, si possa realizzare con le seguenti istruzioni SQL:

```
CREATE TABLE studenti
(matricola NUMBER(6),
 cognome CHAR(20),
 nome CHAR(20),
 citta CHAR(20),
 provincia CHAR(2),
 anno_nascita NUMBER(4),
 sesso CHAR(1),
 scuola CHAR(25)
);
```

Fatto questo, abbiamo ora la necessità di creare una struttura che tenga in memoria le classi e da chi sono costituite. È vero che avremmo potuto inserire il campo direttamente nella tabella *studenti*, ma possiamo capire facilmente che la scelta che presenteremo è più flessibile e rispecchia il processo di normalizzazione.

Nella tabella *classi*, oltre al codice della classe stessa (campo *nome*) e della sezione, aggiungiamo un campo *alunno* che andrà ad ospitare la matricola dello studente.

Nome del campo	Descrizione
codice	numero intero di una cifra (per indicare il numero associato all'anno, 1 per la prima, 2 per la seconda, ecc.)
sezione	la sezione frequentata: 'A', 'B', 'C', ecc. (un carattere)
specializzazione	la specializzazione: informatica, elettronica, e così via (stringa di caratteri)
alunno	codice alunno, come definito in precedenza

Tabella 3.2: La struttura che esprime la costituzione delle classi

In SQL possiamo implementare questa struttura con la seguente CREATE TABLE:

```
CREATE TABLE classi
        (codice NUMBER(1),
         sezione CHAR(1),
         specializzazione CHAR(20),
         alunno NUMBER(6)
);
```

Adesso pensiamo ad una tabella che possa ospitare i dati relativi alle scuole. I campi previsti potrebbero essere i seguenti:

Nome del campo	Descrizione
nome	nome della scuola o istituto (stringa di caratteri)
indirizzo	l'indirizzo della scuola in questione (stringa di caratteri)
città	la città dove si trova l'istituto (stringa di caratteri)
CAP	il codice di avviamento postale (numero di cinque cifre)
provincia	la provincia dove si trova l'istituto (due caratteri)

Tabella 3.3: La struttura dati della tabella *istituti*

```
CREATE TABLE istituti
(nome CHAR(25),
 indirizzo CHAR(30),
 citta CHAR(30),
 cap NUMBER(5),
 provincia  CHAR(2)
);
```

Si vogliono memorizzare in una tabella i voti relativi alle prove degli studenti. I dati che intendiamo registrare possono essere i seguenti:

Nome del campo	Descrizione
matricola	matricola dello studente, come definita in precedenza
data	data della prova (che potrebbe essere un'interrogazione orale, un compito scritto o altro)
materia	materia oggetto della prova, stringa di caratteri
voto	voto espresso in numeri (0-10, compresi numeri decimali)

Tabella 3.4: La struttura dati *voti*: i voti legati alla matricola dell'allievo, alla data della prova e alla materia in questione.

Implementazione in SQL della struttura dati *voti*:

```
CREATE TABLE voti
(matricola NUMBER(6),
 data DATE,
 materia CHAR(20),
 voto NUMBER(2,1)
);
```

Considerazioni pratiche

Col tempo e l'esperienza si possono migliorare le definizioni delle strutture dati scegliendo tipi pienamente appropriati; inoltre non è mai male farsi consigliare da qualcun altro che abbia esperienza in merito (un collega, un compagno di corso particolarmente produttivo negli studi o l'insegnante stesso).

Si notino, per esempio, alcune accortezze. Il campo *sesso* richiede un solo carattere, ma una definizione del genere di per sé non obbliga l'operatore a inserire il dato giusto (cioè 'M' per 'maschio' e 'F' per 'femmina'). Difatti la definizione CHAR(1) non dà alcuna informazione specifica in merito. Di solito in questi casi si pongono dei controlli nella procedura di inserimento/modifica dei dati oppure direttamente sul database a livello di definizione delle tabelle.

Il codice matricolare dello studente (*matricola*) è stato definito come NUMBER(6), ossia un intero a sei cifre. Ciò significa che supponiamo a priori di non dover mai memorizzare più di un totale di un milione di studenti (contando dal codice 0 a 999999). In un istituto di medie dimensioni questo campo di valori è più largo del necessario, ma per un'università di un certo livello il numero a sei cifre è spesso il minimo da prendere in considerazione. Nel corso del tempo alcune università, per esempio, hanno avuto centinaia di migliaia di iscritti per cui il campo relativo alla matricola dovrebbe essere almeno di sei cifre.

Il campo *citta* non ha l'accento perché numerose implementazioni di SQL non riconoscono caratteri accentati. Inoltre il CAP è stato indicato in minuscolo (campo *cap*) nelle CREATE TABLE solo per ricordare che si tratta di un attributo e per non confonderlo, secondo la nostra schematizzazione del linguaggio, con una parola chiave di SQL.

Per quanto riguarda l'anno di nascita si deve fare attenzione in fase di progettazione al fine di stabilire cosa sia più utile memorizzare: l'anno o la data completa. Usando il tipo di dato DATE, si ottiene un dato che può essere gestito con le funzioni tipiche in dotazione, che consentono di operare su date, mentre se si implementa il dato con un intero, si devono necessariamente costruire delle funzioni dedicate da programma: vedremo per esempio che esistono funzioni per ottenere la data successiva in automatico e altro ancora...

Alcuni progettisti, per mantenere la compatibilità verso molti e vari ambienti, decidono di utilizzare il formato NUMBER(4), se vogliono memorizzare solo l'anno, o NUMBER(8) per memorizzare anno, mese e giorno (va rispettato quest'ordine in quanto un giorno o un mese con una sola cifra significativa < prima del 10, per intenderci > potrebbe non essere memorizzato come si vorrebbe, e per garantire la significatività dei dati per eventuali ordinamenti). Nel caso del NUMBER(8) si può ottenere per esempio 19990508, che significa '8 maggio del 1999', mentre 20010107 significa '7 gennaio del 2001'.

Rinominare una tabella

Alcune implementazioni di DBMS (come gli ambienti Oracle e MySQL) mettono a disposizione un comando per cambiare nome alle tabelle. Si tratta del comando RENAME:

```
RENAME nome_vecchio TO nome_nuovo;
```

Visualizzare la forma strutturale di una tabella

Dopo aver creato una tabella, può essere utile vederne la forma strutturale con il comando DESC. Per esempio con l'istruzione:

```
DESC elenco
```

otteniamo:

```
Name                              Null?   Type
------------------------------- -------- ----
  COGNOME                                 CHAR(20)
  NOME                                    CHAR(20)
```

Name è il nome della colonna (o campo), Null sta a significare se il campo può assumere o meno valori nulli (NULL e NOT NULL) e Type indica il tipo di dato.

Esercizi

Vogliamo creare una struttura per memorizzare dati relativi agli insegnanti che sia analoga a quella prevista per gli studenti. L'unica differenza richiesta è che la tabella *insegnanti* abbia un campo in più per indicare il nome della materia insegnata.

Soluzione

Ecco una possibile soluzione; dopo aver descritto la struttura dati, si propone la tabella dove memorizzare i dati anagrafici degli insegnanti.

Nome del campo	Descrizione
matricola	Codice numerico associato allo studente (intero)
cognome	Stringa di caratteri
nome	Stringa di caratteri
anno di nascita	numero intero di quattro cifre
sesso	basta un carattere: 'M' o 'F'
scuola	Scuola di appartenenza (stringa di caratteri)

indirizzo	Indirizzo dell'insegnante (stringa di caratteri)
città	la città dove l'insegnante ha la propria residenza (stringa di caratteri)
CAP	il codice di avviamento postale di residenza (numero di cinque cifre)
provincia	la provincia di residenza (due caratteri, secondo la targa automobilistica)
materia	la materia insegnata (stringa di caratteri)

Tabella 3.5: La struttura dati *insegnanti*

Questa è una possibile implementazione in SQL:

```
CREATE TABLE insegnanti
(matricola NUMBER(6),
 cognome CHAR(20),
 nome CHAR(20),
 anno_nascita NUMBER(4),
 sesso CHAR(1),
 scuola CHAR(25),
 indirizzo CHAR(30),
 materia CHAR(15)
);
```

Come si può notare, la struttura della tabella *insegnanti* e pressoché identica a quella degli studenti; l'unica differenza è che abbiamo aggiunto un campo, *materia*, che corrisponde alla materia insegnata. Per questo campo si è scelto il tipo CHAR di dimensione 15 caratteri, ma la dimensione è abbastanza soggettiva e può variare in base alle esigenze.

Nelle università, ad esempio, ai ricercatori e ai professori viene associato il settore scientifico disciplinare, indicato con la sigla SSD. Si tratta di un codice nazionale indicato dal MURST (Ministero dell'Università e della Ricerca Scientifica e Tecnologica) ed ha una lunghezza un tempo era di solo quattro caratteri (ad esempio, K05B equivaleva a 'Informatica', mentre K05A stava per 'Sistemi di elaborazione delle informazioni', e così via...). In questo caso si definiva un campo *settore* o *SSD* di tipo CHAR(4). In un'altra tabella, comunque, sarebbe bene indicare la descrizione per esteso in funzione del settore come chiave primaria.

Successivamente vennero modificati i codici per cui da tempo i SSD hanno una sigla che può variare da pochi caratteri (ad esempio sei, come nel caso di INF/01 INFORMATICA, a 12 come nel caso di L-FIL-LET/11 LETTERATURA ITALIANA CONTEMPORANEA).

Esercizio

Creare una tabella per memorizzare il codice del SSD e la relativa descrizione. Modificare quindi la tabella insegnanti in modo che faccia riferimento, come chiave esterna, alla codifica del settore scientifico disciplinare.

Soluzione

Nel caso dei vecchi codici, la seguente soluzione sarebbe stata ottimale:

```
CREATE TABLE settori
        (ssd CHAR(4),
          descrizione CHAR(30)
);
```

e la tabella *insegnanti* sarebbe stata creata tramite la seguente sintassi:

```
CREATE TABLE insegnanti
(matricola NUMBER(6),
 cognome CHAR(20),
 nome CHAR(20),
 anno_nascita NUMBER(4),
 sesso CHAR(1),
 scuola CHAR(25),
 indirizzo CHAR(30),
 ssd CHAR(4)
);
```

Nel caso, invece, dei nuovi SSD, la sintassi più opportuna è la seguente:

```
CREATE TABLE settori
       (ssd VARCHAR(12),
        descrizione CHAR(30)
);
```

Questo perché la lunghezza del codice relativo al SSD non è fissa, ma variabile fino ad un massimo di 12 caratteri. Di conseguenza anche la tabella *insegnanti* sarebbe da creare come segue:

```
CREATE TABLE insegnanti
(matricola NUMBER(6),
 cognome CHAR(20),
 nome CHAR(20),
 anno_nascita NUMBER(4),
 sesso CHAR(1),
 scuola CHAR(25),
 indirizzo CHAR(30),
 ssd VARCHAR(12)
);
```

Sia nel primo che nel secondo caso sarebbe utile inserire anche un vincolo di integrità referenziale in riferimento alla tabella *settori*, ma si lascia come esercizio ai lettori dopo avere visto la parte relativa. Il campo *ssd* deve essere chiave primaria nella tabella *settori* e chiave esterna nella tabella *insegnanti*.

Esercizio

Vogliamo memorizzare gli indirizzi degli studenti per inviare eventuali comunicazioni a casa.

Soluzione

Nell'analizzare la questione, ci rendiamo conto che molti studenti potrebbero non abitare nello stesso luogo di residenza, per cui si rende necessaria la possibilità di indicare, nell'anagrafica *indirizzi*, se l'indirizzo è relativo al domicilio (dove la persona abita di solito) o alla residenza (dove ha l'effettiva residenza). Per far questo stabiliamo di avere un campo speciale che chiameremo *tipo_indirizzo*.

Nome del campo	Descrizione
matricola	matricola dello studente (stringa di caratteri)
indirizzo	l'indirizzo dello studente in questione (stringa di caratteri)
città	la città (stringa di caratteri)
CAP	il codice di avviamento postale (numero di cinque cifre)
provincia	la provincia (due caratteri)
tipo di indirizzo	il genere di indirizzo (un carattere è sufficiente per indicare 'D' = 'domicilio' e 'R' = 'residenza')

Tabella 3.6: La struttura dati *indirizzi*

Si può creare la tabella in questione con la seguente CREATE TABLE:

```
CREATE TABLE indirizzi
(matricola NUMBER(6),
 indirizzo CHAR(30),
 citta CHAR(20),
 cap NUMBER(5),
 provincia CHAR(2),
 tipo_indirizzo CHAR(1)
);
```

Esercizio

Si desidera gestire le presenze del personale di un'azienda attraverso il rilevamento degli orari di entrata e uscita. Per ipotesi si suppone che una persona non esca più di due volte al giorno dal proprio luogo di lavoro (una volta per la pausa pranzo e un'altra volta per l'uscita definitiva e la conseguente fine del servizio). Durante la pausa pranzo i dipendenti dovrebbero 'timbrare' il cartellino.

Proposta di soluzione

Pur lasciando la progettazione della tabella *presenze* alla fantasia del lettore, si propongono di seguito alcuni suggerimenti.

Si consiglia di realizzare la tabella pensando di memorizzare al massimo quattro orari al giorno per persona, scegliendo campi dello stesso tipo e formato. Per esempio, per memorizzare ore e minuti di un orario, si potrebbero scegliere due campi nel formato NUMBER(2). In questo modo i calcoli potrebbero risultare più comodi…

Per convertire i minuti in ore basta ricordare che un'ora è costituita da 60 minuti, per cui la parte di ora da calcolare sarà uguale a:

minuti /60

ad esempio, 45 minuti corrispondono a 45/60 parti di ore, cioè ¾ d'ora.

I periodi per calcolare il tempo effettivamente lavorato in un giorno consisteranno nella somma di due differenze: (la seconda uscita – la seconda entrata) + (la prima uscita – la prima entrata).

I vincoli (constraint)

I vincoli ('constraint' in inglese) sono limiti imposti alle tabelle definiti per restringere i valori ammissibili per una colonna o un gruppo di colonne. Il linguaggio SQL è nato per supportare questa caratteristica. Con opportuni vincoli di integrità referenziale, è il RDBMS che si fa carico di controllare la validità dei riferimenti.

Esistono diversi tipi di constraint:

- NULL o NOT NULL
- UNIQUE
- PRIMARY KEY
- FOREIGN KEY / REFERENCES
- CHECK

Nella CREATE TABLE eventuali constraint possono essere indicati subito dopo il nome della colonna.

I vincoli di validità

Fino ad ora abbiamo creato delle tabelle senza alcun vincolo. Talvolta, se non di sovente, è molto importante definire invece dei campi con vincoli ben stabiliti (vincoli di validità).

Per comprendere meglio l'aspetto, supponiamo di voler creare una tabella per memorizzare i dati relativi ai rilevamenti di alcune stazioni meteorologiche. Si decide di creare due tabelle dove memorizzare i dati sulla stazione dove viene effettuato il rilevamento ed i dati relativi ai rilevamenti operati nel corso del tempo.

Si elencano i campi che ci occorrono per la stazione e i valori che possono assumere come contenuto:

Nome del campo	Descrizione
codice	codice della stazione in questione (codice intero da 0 a 999)
latitudine	la latitudine (verso Nord) dove si trova il sistema di riferimento per individuarne la posizione (numero con decimali)
longitudine	la longitudine (verso Ovest) dove si trova il sistema di riferimento per individuarne la posizione (numero con decimali)

```
CREATE TABLE stazioni
(codice NUMBER(3),
 latitudine REAL,
 longitudine REAL);
```

Creiamo ora una tabella che memorizzerà i vari rilevamenti. Dovrà contenere i seguenti campi o attributi:

Nome del campo	Descrizione
codice	codice identificativo univoco della stazione dove viene effettuato il rilevamento
data	data del rilevamento
temperatura	temperatura rilevata (valore numerico con decimali da -30 a + 50 ° C, gradi centigradi)
pressione	pressione atmosferica rilevata (valore numerico con decimali da 600 a 1200 mb, millibar)
umidità	umidità dell'aria rilevata (valore numerico con decimali da 0 a 100 %)

Tabella 3.7: La struttura dati *rilevamenti*

```
CREATE TABLE rilevamenti
(codice NUMBER(3),
 data DATE,
 temperatura REAL CHECK (temperatura BETWEEN - 30 AND 50),
 pressione REAL CHECK (pressione BETWEEN 600 AND 1200),
 umidita REAL CHECK (umidita BETWEEN 0 AND 100)
);
```

Con questi vincoli non è possibile inserire dati al di fuori dei campi specificati.

I vincoli di integrità referenziale

Al momento della creazione delle tabelle sarebbe importante definire le relazioni tra le chiavi. In questo modo il DBMS controlla che vengano inseriti dati collegati nel modo opportuno o che non vengano cancellati per errore.

Ritorniamo all'esempio delle stazioni di rilevamento meteorologico. La chiave primaria deve essere il codice identificativo della stazione (campo *codice*) poiché definiamo solo questo come identificatore unico. La tabella quindi dovrebbe essere creata in questo modo:

```
CREATE TABLE stazioni
(codice NUMBER(3) PRIMARY KEY,
 latitudine REAL,
 longitudine REAL);
```

D'altra parte, per la tabella *rilevamenti* sarebbe utile definire una chiave unica in relazione al codice della stazione e alla data del rilevamento:

```
CREATE TABLE rilevamenti
(codice NUMBER(3) REFERENCES stazioni(codice),
 data DATE,
 temperatura REAL CHECK (temperatura BETWEEN - 30 AND 50),
 pressione REAL CHECK (pressione BETWEEN 600 AND 1200),
 umidita REAL CHECK (umidita BETWEEN 0 AND 100),
 UNIQUE (codice, data)
);
```

In questo modo, oltre ai vincoli di validità dei dati spiegati in precedenza, indichiamo anche che non è possibile inserire dati relativi a rilevamenti di stazioni con codice non incluso tra quelli della tabella *stazioni*. La parola chiave REFERENCES indica che la chiave *codice* della tabella *rilevamenti* fa riferimento alla chiave omonima della tabella *stazioni*.

La logica ci porta a intuire che per prima cosa dovremmo inserire tutti i dati relativi alle stazioni meteorologiche di rilevamento e poi di volta in volta i dati rilevati nel tempo.

Vediamo come dovremmo fare, ripensando alle tabelle definite in un altro esempio. Abbiamo visto che nella tabella *studenti* il campo matricola deve identificare univocamente lo studente in questione; si tratta quindi di una chiave primaria. La tabella potrebbe essere creata in questo modo:

```
CREATE TABLE studenti
(matricola NUMBER(6) PRIMARY KEY,
 cognome CHAR(20),
 nome CHAR(20),
 citta CHAR(20),
 provincia CHAR(2),
 anno_nascita NUMBER(4),
 sesso CHAR(1),
 scuola CHAR(25)
);
```

Naturalmente non è possibile creare un tabella con lo stesso nome di una esistente. Se intendiamo modificare una tabella già creata, come in questo caso, dobbiamo alterare la forma strutturale della tabella stessa con l'istruzione ALTER (si veda più avanti), altrimenti è necessario eliminare la tabella e ricrearla con gli adeguati vincoli. Ci si deve ovviamente ricordare che eliminando la tabella tutti i dati che contiene andranno perduti.

Comunque in questa tabella vi era anche un'altra colonna che faceva riferimento a dati esterni: la colonna *scuola*. Ciò significa che si tratta di un campo che deve essere definito come chiave esterna. Con questa considerazione siamo costretti a rivedere la CREATE TABLE; la definizione della tabella *studenti* diventa un po' più complicata:

```
CREATE TABLE studenti
(matricola NUMBER(6) PRIMARY KEY,
 cognome CHAR(20),
 nome CHAR(20),
 citta CHAR(20),
```

```
provincia CHAR(2),
anno_nascita NUMBER(4),
sesso CHAR(1),
scuola CHAR(25) REFERENCES istituti(nome)
);
```

Come si può notare, se il campo per la chiave è uno solo, è sufficiente digitare dopo la sua descrizione le parole riservate PRIMARY KEY (per la chiave primaria).

Nel caso, invece, di chiavi composte da più campi, nella CREATE TABLE, dopo la descrizione delle singole colonne, bisogna specificare il tipo di chiave e tra parentesi la lista dei campi che la costituiscono.

Esercizio

Ricreare la tabella *classi*, facendo in modo che il codice dello studente (campo *alunno*) sia chiave esterna riferita al campo *matricola* della tabella *studenti*.

Soluzione

Di seguito un esempio di soluzione.

```
CREATE TABLE classi
       (codice NUMBER(1),
        sezione CHAR(1),
        specializzazione CHAR(20),
        alunno NUMBER(6) REFERENCES studenti(matricola)
);
```

Esempio con MySQL

Proviamo a creare una tabella *libro* che ha come chiave primaria il campo *id*, chiave esterna *editore* (riferimento alla tabella *editori*, campo *id*) e indice su *editore*. Di seguito la sintassi per i sistemi MySQL:

```
CREATE TABLE libro (
      id INT PRIMARY KEY auto_increment,
      titolo VARCHAR (200),
      editore INT NOT NULL,
      INDEX editore_key (editore),
      FOREIGN KEY (editore) REFERENCES editori(id)
) engine=InnoDB;
```

Nelle versioni più recenti, il tipo di *engine*, ovvero il motore del DB, è InnoDB per default, per cui non è obbligatorio indicarlo nella CREATE TABLE. Nelle versioni precedenti, invece, era ncessario specificarlo.

Inserimento di dati

Per inserire dati si usa l'istruzione INSERT (in alcune implementazioni di SQL è possibile utilizzare l'istruzione INPUT per inserire più righe in un'unica soluzione).

La sintassi completa è la seguente:

```
INSERT INTO nome_struttura(nome_campo1, nome_campo2, ...,
nome_campoN)
VALUES (valore1, valore2, ..., valoreN);
```

nome_struttura può essere il nome di una tabella o di una vista.

La prima prova che effettueremo sarà quella di inserire alcuni nominativi nella tabella *elenco*. Si devono digitare le seguenti istruzioni:

```
INSERT INTO elenco (cognome, nome)
VALUES ('Sveglio', 'Josephino');
```

È davvero necessario digitare il nome delle colonne? In effetti, se si rispetta l'ordine di inserimento dei dati così come sono stati definiti in fase di creazione della tabella e si inseriscono tutti i campi relativi alle colonne, non è necessario digitare ogni volta il nome dei campi stessi. Se, invece, si desiderano inserire solo alcuni dati corrispondenti a certi campi, allora è indispensabile stabilire in quali campi si effettuerà l'inserimento e anche in quale ordine (che non deve essere necessariamente lo stesso della definizione iniziale della tabella al momento della CREATE TABLE).

La sintassi può essere quindi la seguente:

```
INSERT INTO nome_tabella
VALUES(valore1, valore2, ..., valoneN);
```

Visto che non è necessario specificare il nome dei campi o colonne, ne approfittiamo subito per fare i prossimi inserimenti:

```
INSERT INTO elenco
VALUES ('Studioso', 'Asdrubale');

INSERT INTO elenco
VALUES ('Indaffarata', 'Gugliema');

INSERT INTO elenco
VALUES ('Imbranato', 'Pierino');

INSERT INTO elenco
VALUES ('Bravi', 'Asdrubale');

INSERT INTO elenco
VALUES ('Produttivi', 'Marcantonio');

INSERT INTO elenco
VALUES ('Genius', 'Mindy');

INSERT INTO elenco
VALUES ('Pirottiello', 'Poldo');

INSERT INTO elenco
VALUES ('Ansellino', 'Daniele');
```

Ogni riferimento a persone realmente esistenti è del tutto casuale.

Continuiamo prendendo in considerazione come esempio un'altra tabella. Poche pagine indietro abbiamo creato la tabella *studenti*. Ora è il momento di popolarla con dei dati che ci serviranno in esempi successivi. Come campi della tabella *studenti* in precedenza erano stati definiti i seguenti:

matricola, cognome, nome, citta, provincia, anno_nascita, sesso, scuola

Proviamo ad utilizzare l'istruzione INSERT INTO per inserire alcuni valori nella tabella *studenti*; dovremmo digitare le seguenti istruzioni:

61

```
INSERT INTO studenti

VALUES ( 2, 'Sveglio', 'Josephino', 'Marina di Massa',
'MS', 1982, 'M', 'I.T.I.S. Virtuale');


INSERT INTO studenti

VALUES (  4, 'Studioso', 'Asdrubale', 'Lido di Camaiore',
'LU', 1983, 'M', 'I.T.I.S. Secifosse');


INSERT INTO studenti

VALUES ( 12, 'Indaffarata', 'Gugliema', 'Campi Bisenzio',
'FI', 1980, 'F', 'I.T.T. Vacanza');


INSERT INTO studenti

VALUES ( 22, 'Imbranato', 'Pierino', 'Massa', 'MS', 1977,
'M', 'I.T.I.S. A. Meucci');


INSERT INTO studenti

VALUES (  7, 'Bravi', 'Asdrubale', , 'Pisa', 'PI', 'M',
1985, 'M', 'I.T.I.S. Secifosse');


INSERT INTO studenti

VALUES ( 86, 'Produttivi', 'Marcantonio', 'Prato', 'FI',
1987, 'M', 'I.T.I.S. A. Meucci');


INSERT INTO studenti

VALUES (145, 'Imbranato', 'Marco', 'Pisa', 'PI', 1974,
'M', 'I.T.I.S. Secifosse');


INSERT INTO studenti

VALUES ( 16, 'Bravi', 'Dino', 'Carrara', 'MS', 1986, 'M',
'I.T.I.S. Secifosse');


INSERT INTO studenti

VALUES (890, 'Produttivi', 'Pino', 'Forte dei Marmi',
'LU', 1985, 'M', 'I.T.I.S. A. Meucci');

INSERT INTO studenti

VALUES (906, 'Altro', 'GianMarco', 'Viareggio', 'LU',
1973, 'M', 'I.T.I.S. Secifosse');
```

Naturalmente, come nel caso della tabella *elenco*, ogni riferimento a persone realmente esistenti è del tutto casuale.

Proviamo a vedere cosa è stato inserito nella tabella *studenti*. Digitiamo:

```
SELECT *
FROM studenti;
```

Se abbiamo inserito bene i dati, questo dovrebbe essere il risultato:

```
MATRICOLA COGNOME           NOME              CITTA             PR ANNO_NASCITA S SCUOLA
--------- ------------------ ------------------ ------------------ -- ----------- - ------------------------

      2 Sveglio            Josephino         Marina di Massa   MS    1982 M I.T.I.S. Virtuale

      4 Studioso           Asdrubale         Lido di Camaiore  LU    1983 M I.T.I.S. Secifosse

     12 Indaffarata        Gugliema          Campi Bisenzio    FI    1980 F I.T.T. Vacanza

     22 Imbranato          Pierino           Massa             MS    1977 M I.T.I.S. A. Meucci

     86 Produttivi         Marcantonio       Prato             FI    1987 M I.T.I.S. A. Meucci

    145 Imbranato          Marco             Pisa              PI    1974 M I.T.I.S. Secifosse

     16 Bravi              Dino              Carrara           MS    1986 M I.T.I.S. Secifosse

    890 Produttivi         Pino              Forte dei Marmi   LU    1985 M I.T.I.S. A. Meucci

    906 Altro              GianMarco         Viareggio         LU    1973 M I.T.I.S. Secifosse

9 rows selected.
```

Nel caso non si ricordasse come è stata definita la tabella e quale sia la sua forma strutturale, si può usare il comando DESCRIBE, o DESC in forma abbreviata, per esempio:

```
DESC studenti
```

fornirà come risultato la costituzione strutturale della tabella *studenti*:

```
Name                           Null?    Type
------------------------------ -------- ----

MATRICOLA                               NUMBER(6)

COGNOME                                 CHAR(20)

NOME                                    CHAR(20)

CITTA                                   CHAR(20)

PROVINCIA                               CHAR(2)

ANNO_NASCITA                            NUMBER(4)

SESSO                                   CHAR(1)

SCUOLA                                  CHAR(25)
```

Creiamo ora la tabella *classi,* con le seguenti istruzioni:

```
CREATE TABLE classi
(codice NUMBER(1),
 sezione CHAR(20),
 specializzazione CHAR(20),
 alunno NUMBER(6)
);
```

Il sistema dovrebbe rispondere con il messaggio:

Table created.

Per controllare che la tabella *classi* sia a posto, digitiamo:

```
DESC classi;
```

la risposta in visualizzazione sarà:

```
Name                              Null?    Type
-------------------------------   -------- ----
 CODICE                                    NUMBER(1)
 SEZIONE                                   CHAR(20)
 SPECIALIZZAZIONE                          CHAR(20)
 ALUNNO                                    NUMBER(6)
```

In effetti è proprio come l'abbiamo creata (se l'esercizio non è andato a buon fine, si consiglia di ricontrollare la parte relativa all'istruzione CREATE).

Proviamo ora a popolare con alcuni valori la tabella *classi.* Inseriamo questi valori di esempio:

```
INSERT INTO classi
VALUES (3, 'A', 'informatica', 18);
INSERT INTO classi
VALUES (3, 'B', 'informatica', 4);
```

```
INSERT INTO classi
VALUES (3, 'C', 'informatica', 6);

INSERT INTO classi
VALUES (4, 'A', 'informatica', 12);

INSERT INTO classi
VALUES (4, 'B', 'informatica', 22);

INSERT INTO classi
VALUES (3, 'A', 'meccanica', 7);

INSERT INTO classi
VALUES (3, 'B', 'meccanica', 890);

INSERT INTO classi
VALUES (3, 'A', 'elettrotecnica', 86);

INSERT INTO classi
VALUES (4, 'A', 'elettrotecnica', 145);

INSERT INTO classi
VALUES (1, 'A', '', 16);

INSERT INTO classi
VALUES (1, 'B', '', 10);
```

Ogni volta che viene inserita una riga nella tabella, il sistema dovrebbe rispondere con un messaggio di questo tipo:

```
1 row created.
```

Vediamo il risultato delle nostre operazioni con il comando:

```
SELECT *
FROM classi;
```

```
CODICE SEZIONE              SPECIALIZZAZIONE      ALUNNO
--------- --------------------  --------------------  ---------
       3 A                      informatica               18
       3 B                      informatica                4
       3 C                      informatica                6
       4 A                      informatica               12
       4 B                      informatica               22
       3 A                      meccanica                  7
       3 B                      meccanica                890
       3 A                      elettrotecnica            86
       4 A                      elettrotecnica           145
       1 A                                                16
       1 B                                                10
```

11 rows selected.

Un metodo alternativo per inserire più record contemporaneamente (ovvero con una sola istruzione) è il seguente:

```
INSERT INTO classi VALUES(
  (3, 'A', 'informatica', 18),
  (3, 'B', 'informatica', 4),
  (3, 'C', 'informatica', 6),
  (4, 'A', 'informatica', 12),
  (4, 'B', 'informatica', 22),
  (3, 'A', 'meccanica', 7),
  (3, 'B', 'meccanica', 890),
  (3, 'A', 'elettrotecnica', 86),
  (4, 'A', 'elettrotecnica', 145),
  (1, 'A', '', 16),
  (1, 'B', '', 10)
);
```

La sintassi richiede che i campi dei singoli record vengano indicati tra parentesi tonde, separandoli con la virgola. Il tutto va a sua volta inserito tra pèaratensei tonde e chiuso dal ';'.

Come si può notare, per le classi del biennio abbiamo deciso di non indicare nulla nel campo *specializzazione*.

Popoliamo ora la tabella *voti* con alcune informazioni:

```
INSERT INTO voti
VALUES ( 2, TO_DATE('08-05-2010', 'DD-MM-YYYY'),
'informatica', 8.5);
```

```
INSERT INTO voti
VALUES ( 4, TO_DATE('08-05-2010', 'DD-MM-YYYY'),
'informatica', 4.5);
```

```
INSERT INTO voti
VALUES (16, TO_DATE('18-04-2010', 'DD-MM-YYYY'),
'elettronica', 7.5);
```

```
INSERT INTO voti
VALUES ( 4, TO_DATE('22-03-2010', 'DD-MM-YYYY'), 'storia',
4);
```

```
INSERT INTO voti
VALUES (16, TO_DATE('12-02-2010', 'DD-MM-YYYY'),
'italiano', 6.5);
```

```
INSERT INTO voti
VALUES (22, TO_DATE('13-04-2010', 'DD-MM-YYYY'),
'diritto', 8);
```

```
INSERT INTO voti
VALUES (18, TO_DATE('08-06-2010', 'DD-MM-YYYY'),
'informatica', 5.5);
```

```
INSERT INTO voti
VALUES (22, TO_DATE('12-03-2010', 'DD-MM-YYYY'),
'informatica', 7);
```

```
INSERT INTO voti
VALUES ( 4, TO_DATE('11-01-2010', 'DD-MM-YYYY'),
'elettronica', 3);
```

Per vedere come è fatta la tabella *voti*, digitiamo:

```
DESC voti
```

ottenendo come risultato:

```
Name                            Null?    Type
------------------------------- -------- ----
MATRICOLA                                NUMBER(6)
DATA                                     DATE
MATERIA                                  CHAR(20)
VOTO                                     NUMBER(4,2)
```

Per visualizzare il contenuto della tabella, invece, possiamo digitare:

```
SELECT *
FROM voti;
```

e questo dovrebbe essere il risultato:

```
MATRICOLA DATA      MATERIA              VOTO
--------- --------- -------------------- ---------
        2 08-MAY-10 informatica           8.5
        4 08-MAY-10 informatica           4.5
       16 18-APR-10 elettronica           7.5
        4 22-MAR-10 storia                  4
       16 12-FEB-10 italiano              6.5
       22 13-APR-10 diritto                 8
       18 08-JUN-10 informatica           5.5
       22 12-MAR-10 informatica             7
        4 11-JAN-10 elettronica             3
9 rows selected.
```

Esercizio

In modo del tutto analogo alla tabella *studenti*, si provi ora a popolare anche la tabella relativa agli insegnanti con dati immaginari:

Soluzione di spunto

Per inserire dati, si può inziare con la sintassi seguente:

```
INSERT INTO insegnanti

VALUES

(...)
```

Si lasciano i dati alla fantasia del lettore e per esercizio.

Altri esercizi

1) Ripensando alla tabella *classi*, siamo proprio sicuri che si tratti di una tabella normalizzata al massimo? Non sarebbe utile avere per le classi una struttura dati che memorizzi solo le informazioni della classe e le associ un codice di chiave primaria, senza riportare con sé i dati dello studente? In questo modo si eviterebbero duplicazioni dei dati, ma sarebbe necessario creare una nuova tabella per la relazione classe-studente dove si avrebbero solo due colonne: il codice di chiave per la classe e il codice di matricola per lo studente. Alcune relazioni andrebbero riviste e così pure le query. Si lascia il problema come esercizio.

2) Si pensi a come implementare, con opportune tabelle e relazioni, la gestione di una biblioteca. In pratica si vuole tenere un archivio dell'elenco dei libri presenti nella biblioteca, al fine di poterli reperire facilmente all'interno dei locali. La ricerca deve poter essere operata per: titolo, autore, casa editrice e codice ISBN. Si desidera inoltre tenere una registrazione dei prestiti, tenendo in memoria le date di entrata e di uscita del titolo e il nome del lettore interessato. Quali query si possono poi eseguire per vedere i libri usciti da più di due mesi?

I sinonimi

Un **sinonimo** è un nome associato ad una struttura già esistente con un altro nome. Il sinonimo è quindi un **nome alternativo** o **alias**; i sinonimi vengono divisi in **pubblici** e **privati**. Quelli pubblici possono essere creati solo da utenti con ruolo DBA, mentre quelli privati possono essere creati da qualsiasi utente con ruolo RESOURCE (si veda la parte sui ruoli per approfondire l'argomento).

La sintassi per la creazione di un sinonimo è la seguente:

```
CREATE [PUBLIC] SYNONYM nome_sinonimo
```

```
FOR struttura;
```

Possiamo, ad esempio, creare un sinonimo per la tabella *studenti*, attraverso la seguente istruzione:

```
CREATE SYNONYM stud
FOR studenti;
```

L'utilità nell'uso dei sinonimi è usualmente quella di avere a disposizione nomi alternativi più corti degli originali, in modo da poter digitare meno tasti nell'impartire comandi SQL. Questo si rivela molto pratico se il riferimento alla struttura in questione è un nome lungo o se comporta la digitazione del riferimento ad un server remoto. Si noti ad esempio la seguente query:

```
SELECT *
FROM stud;
```

Questa fornirà lo stesso risultato di:

```
SELECT *
FROM studenti;
```

Capitolo 4 - Selezione dei dati

Nella sigla SQL la seconda lettera rimanda alla parola 'query' ('interrogazione', dal verbo inglese 'to query' che significa 'interrogare'). Questo rammenta che nel linguaggio è preponderante la possibilità di interrogare le basi dati per fornire le informazioni richieste dagli utenti, anche se questa ovviamente non è la sola caratteristica importante di cui dispone SQL.

Scegliere e visualizzare dati

Come abbiamo già visto, la selezione dei dati si effettua attraverso l'istruzione SELECT. Questa istruzione seleziona alcuni (o tutti i) dati contenuti nelle tabelle e li visualizza. Non è un caso che SELECT sia la parola più ricorrente nell'uso di SQL. La sintassi estesa del comando è la seguente:

```
SELECT nome_campo1, nome_campo2, ..., nome_campoN
FROM nome_struttura
WHERE nome_campoX = valore_comparato;
```

Il *nome_struttura* può essere il nome di una TABLE o di una VIEW.

In effetti l'istruzione SELECT ha diverse parole correlate (clausole), che andremo a spiegare di volta in volta:

- WHERE
- STARTING WITH
- ORDER BY
- GROUP BY
- HAVING

Un **blocco di interrogazione** viene chiamato anche **query-block**.

Come si può intuire facilmente, WHERE è in pratica la seconda parola più ricorrente del linguaggio.

Facciamo un semplice esempio. Supponiamo di avere un archivio contenente i dati relativi ad alcuni studenti. Tali dati sono stati memorizzati nella tabella *studenti*. Come abbiamo già visto, con l'istruzione:

```
SELECT *
FROM studenti;
```

visualizziamo tutto ciò che è relativo all'archivio *studenti*.

È importante ricordare che con una SELECT diciamo *cosa* vogliamo ottenere, ma dobbiamo anche specificare da *dove* vogliamo che le informazioni vengano prelevate. È possibile avere lo stesso nome per campi di tabelle diverse ed è pure possibile estrarre dati contemporaneamente da due o più tabelle. Per tali motivi si comprende perché sia indispensabile specificare *da quale* tabella (o tabelle) si vogliono prelevare le informazioni.

Dall'esposizione precedente si è potuto intuire che i dati possono essere di vario tipo (si veda anche l'Appendice B, relativa alle implementazioni con specifici DMBS).

Altri esempi

Estraiamo ora tutti i dati relativi agli studenti che hanno la residenza nella provincia di Massa:

```
SELECT *
FROM studenti
WHERE provincia = 'MS';
```

In base ai dati prima inseriti, questo dovrebbe essere il risultato:

MATRICOLA	COGNOME	NOME	CITTA	PR	ANNO_NASCITA	S	SCUOLA
2	Sveglio	Josephino	Marina di Massa	MS	1982	M	I.T.I.S. Virtuale
22	Imbranato	Pierino	Massa	MS	1977	M	I.T.I.S. A. Meucci
16	Bravi	Dino	Carrara	MS	1986	M	I.T.I.S. Secifosse

Abbiamo previsto infatti per il campo *provincia* la sigla automobilistica. Con questa SELECT operiamo un'estrazione dalla tabella *studenti*, visualizzando coloro che risiedono in provincia di Massa.

Da una tabella si possono visualizzare anche le stesse colonne più di una volta, sia con lo stesso nome che con nomi diversi. Ad esempio, possiamo digitare:

```
SELECT matricola, matricola codice, nome, cognome
FROM studenti;
```

ottenendo così il seguente elenco:

```
MATRICOLA    CODICE NOME                COGNOME
---------    ------ ------------------   -----------------
        2         2 Josephino           Sveglio
        4         4 Asdrubale           Studioso
       12        12 Gugliema            Indaffarata
       22        22 Pierino             Imbranato
       86        86 Marcantonio         Produttivi
      145       145 Marco               Imbranato
       16        16 Dino                Bravi
      890       890 Pino                Produttivi
      906       906 GianMarco           Altro
```

9 rows selected.

Questo può servire per fare calcoli o confronti.

È anche possibile inserire colonne con dati costanti, ovvero che vengono visualizzati sempre allo stesso modo. I dati di questo genere possono essere numerici o stringhe di caratteri, ma in questo caso devono essere digitate tra apici (''). Ad esempio è possibile impartire una query come questa:

SELECT matricola, nome, cognome, 112233, 'prova'
FROM studenti;

ottenendo questo risultato:

```
MATRICOLA NOME                COGNOME                  112233 'PROVA'
--------- ------------------- -------------------      ------ -------
        2 Josephino           Sveglio                  112233 prova
        4 Asdrubale           Studioso                 112233 prova
       12 Gugliema            Indaffarata              112233 prova
       22 Pierino             Imbranato                112233 prova
       86 Marcantonio         Produttivi               112233 prova
      145 Marco               Imbranato                112233 prova
```

```
 16 Dino              Bravi                112233 prova

890 Pino              Produttivi           112233 prova

906 Altro            GianMarco             112233 prova
```

9 rows selected.

In fase di visualizzazione si può pure ottenere la pseudocolonna **ROWNUM** (di tipo numerico e intero) che riporta la numerazione delle righe della tabella. Digitando, ad esempio:

```
SELECT rownum, matricola, nome, cognome
FROM   studenti;
```

otterremo questo risultato:

```
ROWNUM MATRICOLA NOME                 COGNOME
--------- --------- -------------------- --------------------
      1         2 Josephino            Sveglio
      2         4 Asdrubale            Studioso
      3        12 Gugliema             Indaffarata
      4        22 Pierino              Imbranato
      5        86 Marcantonio          Produttivi
      6       145 Marco                Imbranato
      7        16 Dino                 Bravi
      8       890 Pino                 Produttivi
      9       906 GianMarco            Altro
```
9 rows selected.

Valori nulli e non nulli

Un campo potrebbe persino risultare vuoto, a meno che non si forzi il database a controllare che questa condizione non si verifichi. A tal fine è sufficiente specificare l'opzione NOT NULL in fase di creazione della tabella, indicando quindi che il campo in questione non può assumere valore nullo.

Bisogna però stare attenti a non confondersi: NULL è diverso dal blank, da uno o più spazi, o da 0 (zero) per i dati numerici. Corrisponde in pratica alla situazione di **non esistenza** o di **assenza di dati**; ecco perché è diverso dallo 0 e dagli spazi: questi sono considerati dei valori!

Se si effettua un controllo tra un dato qualsiasi ed uno NULL, il risultato sarà **Unknown**, poiché non è possibile confrontare qualcosa con il nulla.

Quindi si può evincere che nei confronti di tipo booleano esistono tre possibili risultati: TRUE, FALSE e UNKNOWN.

Per valutare se all'interno di una tabella esistono uno o più valori nulli, si può digitare:

```
SELECT *
FROM nome_tabella
WHERE nome_campo_controllato IS NULL;
```

Naturalmente nella query, volendo, si possono specificare anche solo <u>alcuni</u> campi scelti da visualizzare e non tutti come nell'esempio. Molti analisti, dato che la situazione NULL è scomoda da gestire (c'è chi arriva persino ad odiarla), preferiscono definire tutti i campi come NOT NULL. Tuttavia esiste un inconveniente implicito in questa scelta: consiste nel fatto che in fase di inserimento dati, o di modifica della tabella, è sempre necessario specificare il valore (ad esempio, spazio per i caratteri o 0 per un NUMBER).

La clausola DISTINCT

Questa clausola permette di selezionare e proporre solo i dati diversi, escludendo le ripetizioni. Per esempio, la query che segue:

```
SELECT DISTINCT scuola
FROM studenti;
```

visualizza tutte le scuole dove sono iscritti gli studenti dell'archivio indicato, senza proporre duplicazioni dei nomi delle scuole.

Concatenazione di dati contenuti in varie colonne

SQL permette di concatenare i contenuti di colonne e stringhe attraverso il simbolo speciale di concatenazione '||' (chiamato 'doppio pipe' o 'doppia barra verticale') visualizzando il contenuto in un'unica colonna.

Il simbolo viene utilizzato all'interno delle SELECT. Digitando ad esempio:

```
SELECT nome||cognome
FROM studenti;
```

otteniamo l'elenco dei nomi e dei cognomi senza spazi fra gli stessi.

Possono essere concatenati non solo i valori contenuti nei campi (attributi) ma anche stringhe scelte dall'utente; per esempio, per visualizzare che lo studente '*nome cognome* frequenta la scuola *scuola*', si può digitare:

```
SELECT nome, cognome||' frequenta la scuola '||scuola
FROM studenti;
```

Inoltre SQL-99 permette di concatenare due o più stringhe tramite la funzione CONCATENATE e il simbolo speciale di concatenazione '||' per ottenere un'unica stringa. Alcuni ambienti utilizzano la funzione CONCAT() o il segno '+'; per un approfondimento si rimanda alla documentazione ufficiale.

Cambiare il nome delle colonne in fase di visualizzazione

Normalmente, quando si visualizzano i dati relativi a delle colonne, con una normale SELECT vedremo nella prima riga il nome della colonna stessa. È possibile visualizzare un altro nome semplicemente digitando dopo la colonna selezionata il nome che si desidera ottenere, come in questo esempio:

```
SELECT DISTINCT scuola istituto
FROM studenti;
```

Anziché apparire come intestazione della prima riga la parola 'scuola', comparirà la parola 'istituto'. È anche possibile ottenere una scritta più complessa, come in questo caso:

```
SELECT DISTINCT scuola la_scuola_è
FROM studenti;
```

Si ricordi, comunque, che è meglio digitare una stringa senza spazi; un metodo valido per ovviare all'inconveniente può essere quello proposto sopra, utilizzando ad esempio il simbolo di sottolineatura '_' (underscore).

La clausola ORDER BY

Se si desidera un ordinamento in fase di visualizzazione, si può aggiungere alla SELECT:

```
ORDER BY campo_di_ riferimento;
```

Facciamo un esempio, chiamando in causa ancora una volta il nostro archivio *studenti*. Con queste istruzioni:

```
SELECT cognome, anno_nascita
FROM studenti
WHERE scuola = 'I.T.I.S. A. Meucci'
ORDER BY cognome;
```

otteniamo l'estrazione seguente:

```
COGNOME             ANNO_NASCITA
------------------- ------------

Imbranato                   1977
Produttivi                  1987
Produttivi                  1985
```

Si tratta della visualizzazione dei cognomi e degli anni di nascita degli studenti dell'I.T.I.S. "A. Meucci" dall'archivio *studenti*, ordinati per *cognome*.

Possiamo combinare anche più colonne per ottenere ordinamenti particolari, ad esempio per *cognome* e poi per *nome*, come segue:

```
SELECT cognome, nome, anno_nascita
FROM studenti
WHERE scuola = 'I.T.I.S. A. Meucci'
ORDER BY cognome, nome;
```

ricevendo dal sistema questa risposta:

```
COGNOME             NOME                 ANNO_NASCITA
------------------- -------------------- ------------

Imbranato           Pierino                      1977
Produttivi          Marcantonio                  1987
Produttivi          Pino                         1985
```

Per default (cioè in assenza di ulteriore specifica) l'ordinamento è ascendente, quindi siccome il cognome 'Imbranato' viene prima in ordine alfabetico di 'Produttivi', verrà proposto per primo nell'elenco.

Per indicare un ordinamento discendente si deve digitare la parola chiave DESC. Rivediamo l'esempio di prima per ottenere stavolta un ordine alfabetico discendente:

```
SELECT cognome, anno_nascita
FROM studenti
WHERE scuola = 'I.T.I.S. A. Meucci'
ORDER BY cognome DESC;
```

L'estrazione ottenuta sarà la seguente:

```
COGNOME              ANNO_NASCITA
-------------------- ------------

Produttivi                   1987
Produttivi                   1985
Imbranato                    1977
```

D'altronde, se vogliamo aggiungere in visualizzazione anche il nome, possiamo digitare:

```
SELECT cognome, nome, anno_nascita
FROM studenti
WHERE scuola = 'I.T.I.S. A. Meucci'
ORDER BY cognome DESC;
```

Questo sarà il risultato dell'estrazione:

```
COGNOME              NOME                 ANNO_NASCITA
-------------------- -------------------- ------------

Produttivi           Marcantonio                  1987
Produttivi           Pino                         1985
Imbranato            Pierino                      1977
```

Un metodo più snello per indicare il tipo di ordinamento è quello di digitare, anziché il nome dei campi, il numero della posizione degli stessi. Per esempio, la query di prima si poteva anche scrivere come:

```
SELECT cognome, nome, anno_nascita
```

```
FROM studenti
WHERE scuola = 'I.T.I.S. A. Meucci'
ORDER BY 2 DESC;
```

ottenendo un elenco esattamente identico a quello ordinato per *cognome*. Questo perché il campo *cognome* è il <u>secondo</u> della tabella *studenti*.

È possibile ordinare anche rispetto ad alcune colonne in ordine crescente e rispetto ad altre in ordine descrescente. Per far questo è sufficiente digitare subito dopo il nome (o il numero) associato alla colonna la parola DESC; non indicando nulla viene assunto per default ASC. Per esempio, con la seguente query:

```
SELECT cognome, nome, anno_nascita
FROM studenti
WHERE scuola = 'I.T.I.S. A. Meucci'
ORDER BY cognome ASC, nome ASC, anno_nascita DESC;
```

otteniamo l'elenco degli studenti dell'I.T.I.S. "A. Meucci", ordinato prima per cognome in ordine crescente, poi per nome in ordine sempre crescente e poi per data di nascita, in ordine decrescente.

La stessa query poteva comunque essere impartita anche nel seguente modo:

```
SELECT cognome, nome, anno_nascita
FROM studenti
WHERE scuola = 'I.T.I.S. A. Meucci'
ORDER BY 2, 3, 6 DESC;
```

Ovviamente questa DESC non va confusa con l'abbreviazione di DESCRIBE.

Operatori relazionali (o di confronto)

Nelle query si utilizzano spesso gli operatori relazionali:

= significa che il campo deve essere uguale a valore comparato (si legge 'uguale a');

<> indica che il campo deve essere diverso dal valore comparato (si leggono infatti 'diverso da').

< significa che il campo deve essere minore di quello comparato (si legge 'minore di');

> significa che il campo deve essere maggiore di quello comparato (si legge 'maggiore di');

<= significa che il campo deve essere minore o uguale a quello comparato (si legge 'minore o uguale di');

>= significa che il campo deve essere maggiore di quello comparato (si legge 'maggiore o uguale di');

In alcuni ambienti, come Oracle, si può utilizzare anche:

!= per indicare 'non uguale a', ossia 'diverso da';

!< per indicare 'non minore di', equivale in pratica a 'maggiore o uguale di';

!> per indicare 'non maggiore di', corrisponde a 'minore o uguale di'.

Il simbolo '!' sta per NOT, ma non rientra nello standard ANSI.

Facciamo qualche esempio pratico. Tornando alla tabella relativa agli studenti, supponiamo di voler visualizzare i dati relativi a tutti coloro il cui cognome, in ordine alfabetico, comincia a partire dalla lettera 'C' in poi. Si dovrebbe operare nel seguente modo:

```
SELECT *
FROM studenti
WHERE cognome >= 'C';
```

Il risultato, se abbiamo inserito i dati esattamente come indicato in precedenza, dovrebbe essere il seguente:

```
MATRICOLA COGNOME            NOME               CITTA                PR ANNO_NASCITA S SCUOLA
--------- ------------------ ------------------ -------------------- -- ------------- - -----------------------
        2 Sveglio            Josephino          Marina di Massa      MS   1982 M I.T.I.S. Virtuale
        4 Studioso           Asdrubale          Lido di Camaiore     LU   1983 M I.T.I.S. Secifosse
       12 Indaffarata        Gugliema           Campi Bisenzio       FI   1980 F I.T.T. Vacanza
       22 Imbranato          Pierino            Massa                MS   1977 M I.T.I.S. A. Meucci
       86 Produttivi         Marcantonio        Prato                FI   1987 M I.T.I.S. A. Meucci
      145 Imbranato          Marco              Pisa                 PI   1974 M I.T.I.S. Secifosse
      890 Produttivi         Pino               Forte dei Marmi      LU   1985 M I.T.I.S. A. Meucci

7 rows selected.
```

Prendiamo ora in considerazione tutti gli studenti tranne coloro che si chiamano 'Marco' di nome proprio (detto anche 'primo nome'):

```
SELECT *
FROM studenti
WHERE nome != 'Marco';
```

L'elenco ottenuto sarà il seguente:

```
MATRICOLA COGNOME              NOME                 CITTA                PR ANNO_NASCITA S SCUOLA
--------- -------------------- -------------------- -------------------- -- ------------ - ------------------------

       2 Sveglio              Josephino            Marina di Massa      MS      1982 M I.T.I.S. Virtuale

       4 Studioso             Asdrubale            Lido di Camaiore     LU      1983 M I.T.I.S. Secifosse

      12 Indaffarata          Gugliema             Campi Bisenzio       FI      1980 F I.T.T. Vacanza

      22 Imbranato            Pierino              Massa                MS      1977 M I.T.I.S. A. Meucci

      86 Produttivi           Marcantonio          Prato                FI      1987 M I.T.I.S. A. Meucci

      16 Bravi                Dino                 Carrara              MS      1986 M I.T.I.S. Secifosse

     890 Produttivi           Pino                 Forte dei Marmi      LU      1985 M I.T.I.S. A. Meucci

     906 Altro                GianMarco            Viareggio            LU      1973 M I.T.I.S. Secifosse


8 rows selected.
```

In pratica, essendoci solo un 'Marco', si ottengono tutti i nominativi tranne lui.

Naturalmente la query poteva anche essere scritta come:

```
SELECT *
FROM studenti
WHERE nome <> 'Marco';
```

Il risultato sarà identico a prima.

Gli spazi tra nome del campo e valore comparato possono essere omessi: se qui compaiono è solo per migliorare la leggibilità.

L'operatore LIKE

Un altro operatore molto importante è LIKE. Questo serve ad estrarre quei valori che assomigliano ad un certo schema senza essere davvero identici alla parola o al comando. Per esempio, se volessimo estrarre dal solito archivio tutti i dati relativi agli studenti che contengono all'interno del loro nome la stringa di caratteri 'Marc', potremmo digitare:

```
SELECT * FROM studenti
WHERE nome LIKE '%Marc%';
```

e questo dovrebbe essere il risultato:

MATRICOLA COGNOME	NOME	CITTA	PR	ANNO_NASCITA	S	SCUOLA
86 Produttivi	Marcantonio	Prato	FI	1987	M	I.T.I.S. A. Meucci
145 Imbranato	Marco	Pisa	PI	1974	M	I.T.I.S. Secifosse
906 Altro	GianMarco	Viareggio	LU	1973	M	I.T.I.S. Secifosse

In questo caso compaiono tutti coloro che hanno come parte del loro nome proprio 'Marc', ma non solo quelli che si chiamano semplicemente così. Nell'esempio ci sono 'Marcantonio', 'Marco' e 'GianMarco'. Se fossero stati inseriti, sarebbero comparsi anche nomi come 'Giovanni Marco' o 'Marco Anselmo', ecc.

Il simbolo di percentuale (%) si usa per indicare un **carattere jolly** (o **wildcard**, in inglese), ossia una sequenza di caratteri qualsiasi. Nel caso sopra citato, abbiamo anteposto e postposto il simbolo '%', indicando che volevamo estrarre tutte le stringhe che iniziano con una qualsiasi sequenza di caratteri, contengono 'Marc' e terminano con una qualsiasi sequenza.

Se, invece, avessimo voluto estrarre solo coloro il cui nome inizia con 'Marc', avremmo dovuto digitare:

```
SELECT *
FROM studenti
WHERE nome LIKE 'Marc%';
```

e il risultato della query sarebbe stato il seguente:

MATRICOLA COGNOME	NOME	CITTA	PR	ANNO_NASCITA	S	SCUOLA
86 Produttivi	Marcantonio	Prato	FI	1987	M	I.T.I.S. A. Meucci
145 Imbranato	Marco	Pisa	PI	1974	M	I.T.I.S. Secifosse

escludendo di conseguenza nomi come 'Giovanni Marco' o 'GianMarco', per esempio, e tutti coloro il cui nome non inizia con 'Marc'.

D'altronde, per visualizzare una stringa contenente un carattere solo qualsiasi in una data posizione, e non una sequenza, si utilizza il simbolo di sottolineatura '_' chiamato anche **carattere jolly singolo**.

Volendo fare un paragone con il DOS, possiamo dire che il simbolo '_' corrisponde al carattere '?', mentre il simbolo '%' corrisponde al carattere '*'. È utile sapere questo perché alcuni ambienti purtroppo non accettano i caratteri jolly di SQL ma solo quelli del DOS.

Cambiando esempio, riferiamoci ora ai cognomi. Volendo estrarre tutti coloro che hanno nel cognome come primi due caratteri la stringa 'Pi', come quarto carattere 'o' e come terzo un carattere qualsiasi, dovremmo scrivere:

```
SELECT *
FROM studenti
WHERE cognome LIKE 'Pi_o';
```

Il risultato potrebbe essere in relazione a coloro che hanno per cognome: 'Pino', 'Piso', 'Pifo', eccetera, anche se non si tratta di cognomi molto comuni... La lunghezza in questo caso sarà sempre di quattro caratteri.

Un esempio più calzante potrebbe essere quello di estrarre tutti coloro il cui nome inizia con un carattere qualsiasi e termina con la stringa 'ino':

```
SELECT *
FROM studenti
WHERE nome LIKE '_ino';
```

Potremmo ottenere: 'Pino', 'Dino', 'Gino', 'Nino' e chi più ne ha più ne metta... Ovviamente otteniamo anche quei nomi che sono stati digitati con la lettera minuscola, forse per errore.

In questo caso, mettendo al posto della sottolineatura il simbolo '%', avremmo ottenuto anche i nomi più lunghi come: 'Tonino', 'Gugliemino', 'Antonino', 'Riccardino', 'Giosefino', 'Giacomino', 'Paolino', e così via.

Ecco la nuova query:

```
SELECT *
FROM studenti
WHERE nome LIKE '%ino';
```

Forse non otteniamo alcuna riga. Allora può darsi che in questo modo non venga riconosciuta la stringa. Proviamo con altri esempi e vediamone il risultato.

```
SELECT *
FROM studenti
```

```
WHERE cognome LIKE 'Pi_o';
```

```
no rows selected
```

```
SELECT *
FROM studenti
WHERE nome LIKE '_ino';
```

```
no rows selected
```

```
SELECT *
FROM studenti
WHERE nome LIKE '%ino';
```

```
no rows selected
```

```
SELECT *
FROM studenti
WHERE nome='%ino';
```

```
no rows selected
```

Se in ogni caso il risultato ottenuto è che non ci sono righe con quelle caratteristiche, possiamo riflettere sul perché. Come mai, pur esistendo dei nomi con le caratteristiche impostate, non vengono proposti dall'esecutore delle query? In effetti, il sistema si attende di vedere dei caratteri anche <u>dopo</u> la stringa perché il campo è stato definito come CHAR(n) e in questo caso i caratteri dopo l'ultimo vengono impostati a blank.

Per evitare questo inconveniente si potrebbe utilizzare il tipo VARCHAR(n) o VARCHAR2(n), che permettono di definire una colonna larga al massimo n caratteri, facendo tuttavia in modo che la stringa occupi solo lo spazio necessario e che i rimanenti caratteri vengono lasciati liberi.

La clausola STARTING WITH

Lo stesso effetto lo avremmo potuto ottenere con la clausola STARTING WITH, che sta a significare che il campo comparato deve iniziare con il valore indicato:

```
SELECT *
```

```
FROM studenti
WHERE nome STARTING WITH '%ino';
```

STARTING WITH è una clausola comune a molte implementazioni di SQL, ma, nella pratica, la sintassi può differire leggermente, per cui si consiglia di consultare la manualistica in dotazione.

Le espressioni

All'interno delle istruzioni SELECT si possono includere operatori aritmetici per compiere operazioni sui dati. SQL mette infatti a disposizione i quattro operatori aritmetici classici (riportati in Tabella 4.1).

operatore	operazione
+	addizione
-	sottrazione
*	moltiplicazione
/	divisione

Tabella 4.1: Gli operatori aritmetici

Anche l'uso delle parentesi può influenzare la valutazione dell'espressione.

Dato che ogni SELECT dovrebbe fare riferimento ad almeno una tabella, quando si desidera calcolare un'espressione su valori numerici o su variabili che non facciano riferimento specifico a dei campi, alcuni sistemi di gestione dei database, come Oracle, mettono a disposizione una tabella fittizia DUAL, così costituita:

```
DESC DUAL;

Name                           Null?    Type
------------------------------ -------- ----
DUMMY                                   VARCHAR2(1)
```

per vederne il contenuto, si digiti:

```
SELECT *
FROM DUAL;
```

Questo sarà il risultato:

```
DUMMY
-
X
```

Il campo (o colonna) DUMMY contiene solo il valore X.

Per esempio, volendo calcolare 5 + 2 * 3 (gli spazi possono anche essere omessi) basta digitare dal prompt di SQL*Plus:

```
SELECT 5 + 2 * 3
FROM DUAL;
```

e il risultato sarà:

```
    5+2*3
---------
       11
```

Altri RDBMS mettono a disposizione metodi analoghi per poter effettuare operazioni e valutare espressioni che non coinvolgono dati in tabelle,anche se non dispongono della tabella DUAL.

Per giunta, all'interno delle SELECT di calcolo di espressioni si possono combinare anche le funzioni matematiche e di altro genere, descritte dettagliatamente in seguito. Si ricorda che la tabella DUAL in realtà serve prevalentemente come riferimento a query di questo tipo.

L'uso di operatori in riferimento a campi che contengono valori numerici implica il calcolo sulla base di quei valori, ma nel caso di stringhe ovviamente si operano altri generi di operazioni. Ad esempio, l'operatore '+' così utilizzato:

```
SELECT nome + cognome
FROM studenti;
```

permette di visualizzare i campi *nome* e *cognome* uniti come se appartenessero ad un unica colonna. Il risultato è molto simile a quello ottenuto facendo uso del simbolo di concatenazione '||'.

Gli operatori logici

Altri operatori sono quelli logici: NOT, AND, OR.

Operatore	Risultato
NOT	indica invece che l'espressione valutata non deve essere vera
AND	indica che entrambe le espressioni a destra e a sinistra dell'operatore devono essere vere
OR	indica che deve essere vera una qualsiasi delle due espressioni o entrambe

Tabella 4.2: Gli operatori logici

Questi operatori vengono valutati secondo la priorità indicata sopra.

Vediamo un esempio leggermente più complicato. Ritorniamo ai rilevamenti meteorologici e alle stazioni. Vogliamo verificare se esiste una stazione di rilevamento di coordinate: latitudine 45 e longitudine 10; il comando SQL da utilizzare è quindi il seguente:

```
SELECT *
FROM stazioni
WHERE latitudine = 45
AND longitudine = 10;
```

Facciamo un altro esempio. Lavorando sulle classi per vedere i dati anagrafici degli studenti che frequentano la classe 'terza A informatica', basterà digitare:

```
SELECT studenti.*
FROM studenti, classi
WHERE classi.codice = 3
AND classi.sezione = 'A'
```

```
AND classi.specializzazione = 'informatica'
AND studenti.matricola = classi.alunno;
```

Per evitare di dover digitare ogni volta *studenti* e *classi*, si può variare la query come segue:

```
SELECT x.*
FROM studenti x, classi y
WHERE y.codice = 3
AND y.sezione = 'A'
AND y.specializzazione = 'informatica'
AND x.matricola = y.alunno;
```

Al posto di x e y si possono digitare altri **alias** (chiamati anche **nomi di correlazione** o **nomi di riferimento**). Gli alias però differiscono dai sinonimi visti in precedenza, in quanto possono essere utilizzati solo all'interno della query dove sono stati definiti e non altrove.

Facciamo altri esempi. Supponiamo di voler estrarre tutti coloro che si chiamano 'Asdrubale' e che frequentano la scuola 'I.T.I.S. A. Meucci'. Operiamo allora come segue:

```
SELECT *
FROM studenti
WHERE nome = 'Asdrubale'
AND scuola = 'I.T.I.S. A. Meucci';
```

Estraiamo ora invece tutti coloro che si chiamano 'Marco' o 'Asdrubale':

```
SELECT *
FROM studenti
WHERE nome = 'Asdrubale'
OR nome = 'Marco';
```

Spesso può essere necessario avvalersi dell'uso di parentesi per esprimere meglio delle condizioni da valutare.

Per comprendere meglio quel che succede quando si utilizzano gli operatori logici, si riportano le tavole di verità (Tabelle 4.3 e 4.4).

A	B	NOT A	A AND B	A OR B
False	False	True	False	False
False	True	True	False	True
True	False	False	False	True
True	True	False	True	True

Tabella 4.3: Tavola di verità classica

A	B	A AND B	A OR B
False	False	False	False
False	True	False	True
False	Unknown	False	Unknown
True	False	False	True
True	True	True	True
True	Unknown	Unknown	True
Unknown	False	False	Unknown
Unknown	True	Unknown	True
Unknown	Unknown	Unknown	Unknown

Tabella 4.4: Tavola di verità comprensiva del valore Unknown

Naturalmente il contrario di Unknown (NOT Unknown) rimane Unknown. In questo caso il contrario di una cosa sconosciuta non diventa una cosa conosciuta...

L'operatore IN

L'esempio precedente ci porta a parlare di un altro operatore: IN.

IN serve ad indicare che il campo esaminato può avere uno dei valori elencati all'interno di un elenco dato. Proviamo a riscrivere la query riportata prima utilizzando l'operatore IN:

```
SELECT *
FROM studenti
```

```
WHERE nome IN ('Asdrubale', 'Marco');
```

Come abbiamo già visto, ci sono solo due record con queste caratteristiche:

```
MATRICOLA COGNOME          NOME            CITTA           PR ANNO_NASCITA S SCUOLA
--------- ----------------  --------------  --------------- -- ----------- - -----------------------

        4 Studioso         Asdrubale       Lido di Camaiore LU    1983 M I.T.I.S. Secifosse
      145 Imbranato        Marco           Pisa            PI    1974 M I.T.I.S. Secifosse

2 rows selected.
```

Ovviamente, fino a solo due valori da comparare, questo operatore non è molto utile, visto che è possibile usare similmente l'OR logico, ma quando i termini di paragone sono parecchi, si comprende la sua indiscussa utilità.

Per esempio, volendo estrarre tutti gli studenti secondo alcune matricole date, ad esempio le matricole 10, 22, 86, 145 e 890, possiamo semplicemente digitare:

```
SELECT *
FROM studenti
WHERE matricola IN (10, 22, 86, 145, 890);
```

che è un metodo molto più snello e semplice rispetto alla digitazione di:

```
SELECT *
FROM studenti
WHERE matricola = 10
OR matricola = 22
OR matricola = 86
OR matricola = 145
OR matricola = 890;
```

Ma in ogni caso il risultato sarà il solito:

```
MATRICOLA COGNOME          NOME            CITTA           PR ANNO_NASCITA S SCUOLA
--------- ----------------  --------------  --------------- -- ----------- - -----------------------

       22 Imbranato        Pierino         Massa           MS    1977 M I.T.I.S. A. Meucci
       86 Produttivi       Marcantonio     Prato           FI    1987 M I.T.I.S. A. Meucci
      145 Imbranato        Marco           Pisa            PI    1974 M I.T.I.S. Secifosse
      890 Produttivi       Pino            Forte dei Marmi LU    1985 M I.T.I.S. A. Meucci
```

Si può notare, tra le altre cose, che non ci sono dati in corrispondenza della matricola 10, semplicemente perché non state registrate informazioni con questa matricola di riferimento.

L'operatore IN può essere usato in combinazione con NOT per fare ricerche tra elementi non inclusi tra quelli indicati. Facendo un esempio analogo a quello precedente, supponiamo di voler estrarre tutti gli studenti che hanno un codice matricolare diverso da 15, 16, 29, 50 e 83; basterà digitare:

```
SELECT *
FROM studenti
WHERE matricola NOT IN (15, 16, 29, 50, 83);
```

Naturalmente non è necessario che i valori tra parentesi siano indicati in ordine crescente.

L'operatore BETWEEN

Altro operatore interessante è BETWEEN, che serve a selezionare i dati di valori comparati all'interno di un insieme incluso tra un estremo ed un altro (in inglese, 'range' di valori, o 'ambito' in italiano).

Rifacciamoci all'esempio delle matricole degli studenti. Stavolta vogliamo estrarre tutti i dati dall'archivio *studenti* che hanno il numero di matricola (campo *matricola*) compreso tra 10 e 225:

```
SELECT *
FROM studenti
WHERE matricola BETWEEN 10 AND 225;
```

MATRICOLA	COGNOME	NOME	CITTA	PR	ANNO_NASCITA	S	SCUOLA
12	Indaffarata	Gugliema	Campi Bisenzio	FI	1980	F	I.T.T. Vacanza
22	Imbranato	Pierino	Massa	MS	1977	M	I.T.I.S. A. Meucci
86	Produttivi	Marcantonio	Prato	FI	1987	M	I.T.I.S. A. Meucci
145	Imbranato	Marco	Pisa	PI	1974	M	I.T.I.S. Secifosse
16	Bravi	Dino	Carrara	MS	1986	M	I.T.I.S. Secifosse

Ora combiniamo insieme gli esempi sopra elencati, giusto per complicare un po' le cose. Questa volta ci interessa estrarre tutti i dati dall'archivio *studenti* che hanno il numero di matricola (il solito campo *matricola*) compreso tra 10 e 225, ma non ci interessa visualizzare i dati dello studente con codice di matricola 18:

```
SELECT *
```

```
FROM studenti
WHERE matricola BETWEEN 10 AND 225
AND matricola != 18;
```

Ecco il risultato:

MATRICOLA	COGNOME	NOME	CITTA	PR	ANNO_NASCITA	S	SCUOLA
12	Indaffarata	Gugliema	Campi Bisenzio	FI	1980	F	I.T.T. Vacanza
22	Imbranato	Pierino	Massa	MS	1977	M	I.T.I.S. A. Meucci
86	Produttivi	Marcantonio	Prato	FI	1987	M	I.T.I.S. A. Meucci
145	Imbranato	Marco	Pisa	PI	1974	M	I.T.I.S. Secifosse
16	Bravi	Dino	Carrara	MS	1986	M	I.T.I.S. Secifosse

La query si poteva anche scrivere:

```
SELECT *
FROM studenti
WHERE matricola BETWEEN 10 AND 225
AND matricola <> 18;
```

Il risultato sarà identico. Oppure, in altro modo:

```
SELECT *
FROM studenti
WHERE matricola >= 10 AND matricola <= 225
AND matricola <> 18;
```

Inutile dire che ancora una volta il risultato sarà identico...
Inoltre, come visto poco prima, al posto di <>, si poteva usare !=.

Subquery annidate e correlate

È possibile incorporare all'interno di una query altre query in modo da avere per quella di livello più alto il riferimento a dati prelevati attraverso le query di livello più basso. In questo caso le query si chiamano **subquery** (o **sottoquery**), ossia selezioni di dati all'interno di altre selezioni.

A loro volta le subquery possono essere **annidate** o **correlate**; sostanzialmente la differenza è che le prime sono indipendenti (vi è in realtà il riferimento ad una sola tabella) mentre nelle seconde si fa riferimento a dati esterni (tabelle messe in relazione con altre tabelle).

Vediamo l'esempio di una query annidata all'interno di un'altra:

```
SELECT cognome
FROM studenti
WHERE anno_nascita > (SELECT AVG(anno_nascita)
                      FROM studenti);


COGNOME
--------------------
Sveglio
Studioso
Produttivi
Bravi
Produttivi
```

Questa SELECT permette di estrarre tutti i cognomi degli studenti che hanno l'anno di nascita superiore alla media degli anni di nascita di tutto l'archivio *studenti*. Per il riferimento completo relativo alla funzione AVG (media), vedere la parte relativa alle funzioni.

Un esempio di subquery correlata è invece il seguente:

```
SELECT *
FROM studenti
WHERE matricola IN (SELECT matricola
                    FROM voti);
```

Questa interrogazione propone i dati relativi agli studenti con *matricola* che compare anche nella tabella *voti*.

Naturalmente si può procedere incorporando più di una query, per un numero massimo che dipende dall'implementazione della versione di SQL nell'ambiente utilizzato. Visto che una query viene posta all'interno di un'altra, prende anche il nome di **query innestata**.

La query che viene eseguita per prima è la più interna, perché è questa che fornisce i dati a quella di livello superiore, e così via.

Le query possono essere innestate anche facendo uso delle funzioni di gruppo. Nelle query innestate è preferibile ricorrere all'operatore IN piuttosto che all'operatore =. Si pensi infatti che se il risultato della query interna fosse più di un valore, la query non risulterebbe corretta.

Per comprendere meglio come lavorare, proviamo a impartire la seguente SELECT:

```
SELECT matricola, cognome, nome
FROM studenti
WHERE matricola IN
       (SELECT matricola
        FROM classi
        WHERE specializzazione = 'informatica');
```

Il risultato in uscita sarà:

```
MATRICOLA COGNOME             NOME
--------- -------------------- --------------------
        4 Studioso            Asdrubale
       12 Indaffarata         Gugliema
       22 Imbranato           Pierino
```

Questa query visualizza la matricola, il cognome e il nome di tutti gli studenti che hanno il campo *matricola* tra uno di quelli dell'archivio *classi*, dove il campo *specializzazione* equivale a 'informatica'.

Proviamo adesso ad impartire una nuova query:

```
SELECT matricola, cognome, nome
FROM studenti
WHERE scuola IN (SELECT nome
                 FROM istituti
                 WHERE provincia = 'PI');
```

Questa selezione visualizza i soliti campi sopra descritti ma li cerca tra le scuole della provincia di Pisa (il campo *provincia* della subquery viene posto uguale a 'PI').

Si noti che il campo *scuola* della prima tabella viene fatto corrispondere al campo *nome* della tabella *istituti*. Ovviamente deve esserci completa compatibilità di tipo dei dati tra gli stessi campi in esame. Se avessimo impartito un comando come questo:

```
SELECT matricola, cognome, nome
```

```
FROM studenti
WHERE scuola IN (SELECT cap
                 FROM istituti
                 WHERE provincia = 'PI');
```

il risultato sarebbe stato semplicemente un errore sull'incompatibilità dei dati, poiché *scuola* è un campo a caratteri, mentre *cap* è un campo numerico.

Esercizio

Vogliamo ottenere l'elenco di tutti gli studenti che abitano nella stessa città di 'Tizio'.

Soluzione

Il problema proposto si può risolvere facilmente con l'uso di una sottoquery annidata:

```
SELECT *
FROM studenti
WHERE citta = (SELECT citta FROM studenti
                            WHERE cognome = 'Tizio');
```

Come si può facilmente intuire, la subquery ci restituisce la città della persona che ha per cognome 'Tizio', a sua volta la città viene usata nella SELECT principale per il confronto con la città di ciascuno studente.

Uso di EXISTS, ANY, SOME e ALL

Nell'impartire subquery correlate possono risultare molto utili le parole chiave EXISTS, ANY, SOME e ALL.

La subquery che segue la parola EXISTS viene valutata solo se restituisce almeno un valore, per cui il seguente esempio:

```
SELECT nome, cognome
FROM elenco
WHERE EXISTS
        (SELECT *
         FROM studenti
```

```
    WHERE provincia = 'MS' );
```

propone i nomi e i cognomi delle persone contenute nella tabella *elenco* solo se nella tabella *studenti* si ha almeno un valore 'MS' corrispondente al campo *provincia*. In pratica, con i dati che abbiamo inserito, la query produce questo risultato:

```
NOME                    COGNOME
--------------------    --------------------

Josephino               Sveglio

Asdrubale               Studioso

Gugliema                Indaffarata

Pierino                 Imbranato

Asdrubale               Bravi

Marcantonio             Produttivi

Mindy                   Genius

Poldo                   Pirottiello

Daniele                 Ansellino


9 rows selected.
```

ANY e SOME (qualcuno) servono a indicare che nella query deve esistere almeno un valore secondo la specifica.

Infatti la query:

```
SELECT *
FROM elenco
WHERE cognome = ANY

                (SELECT cognome
                 FROM studenti
                 WHERE cognome = 'Sveglio');
```

produce lo stesso risultato della query seguente, dove si mette al posto di ANY la parola SOME:

```
SELECT *
FROM elenco
WHERE cognome = SOME
```

```
(SELECT cognome
FROM studenti
WHERE cognome = 'Sveglio');
```

Con i dati che abbiamo inserito, la risposta del sistema sarà:

```
COGNOME              NOME
-------------------- --------------------
Sveglio              Josephino
```

Riproviamo con un altro nome che non compare nella tabella *studenti*:

```
SELECT *
FROM elenco
WHERE cognome = SOME
                (SELECT cognome
                FROM studenti
                WHERE cognome = 'Rossi');
```

Stavolta ci vedremo rispondere:

```
no rows selected.
```

Utilizzando ANY il risultato non cambia: non ci sono 'Rossi'.

ALL fornisce TRUE solo se tutti i risultati della subquery soddisfano la condizione indicata. ALL viene talvolta utilizzato per specificare doppie negazioni. Per esempio <> ALL fornisce TRUE solo se il risultato non contiene ciò che si trova alla sinistra del simbolo per 'diverso' (<>). Analizziamo questo esempio pratico:

```
SELECT matricola, materia
FROM voti
WHERE voto >= ALL
                (SELECT voto
                 FROM voti);
```

La subquery restituisce tutti voti della tabella *voti*, per le varie materie, e la query di livello superiore mostra i dati relativi ai campi *matricola* e *materia* della stessa tabella per quello che è stato il voto più alto in assoluto. Con i dati che abbiamo inserito precedentemente, il risultato sarà quindi:

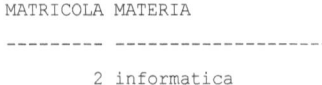

```
MATRICOLA MATERIA

--------- --------------------
        2 informatica
```

Il join

Il **join** rientra tra le operazioni principali tipiche dei database relazionali, insieme alla proiezione delle colonne e alla selezione dei record. Nelle pagine precedenti abbiamo già incontrato alcuni tipi di join senza rendercene conto: ora li definiamo per completare l'argomento.

Molte pubblicazioni tecniche danno definizioni diverse dei tipi di join. Anche la documentazione ufficiale delle case produttrici di DBMS spiega l'argomento in modo abbastanza personale e usa termini diversi per indicare lo stesso tipo di join implementato da altri.

La documentazione ufficiale di Oracle, per esempio, fa riferimento essenzialmente a quattro tipi di join:

- prodotto cartesiano (cross join)
- join naturale
- self join
- outer join

Secondo altri testi si dovrebbe distinguere invece tra i seguenti tipi di join:

1. join generale o theta join (dove si seleziona tutto con * e l'operatore di relazione);
2. equijoin (quando compare un espressione con il simbolo '=' come operatore) e a sua volta può essere di tipo:
   - inner join (equijoin interno) oppure
   - outer join (equijoin esterno)
3. natural join (simile all'equijoin, ma solo la colonna specificata del join - o la combinazione di colonne - viene restituita dalla clausola SELECT).

Nel nostro contesto, più che voler far imparare a memoria certi termini, si ritiene piuttosto utile far comprendere la logica che guida nell'utilizzo dei join e il riferimento alle parole chiave introdotte con la sintassi di SQL versione ANSI-92 (o SQL-92), e che sono state mantenute nel linguaggio SQL-99.

Se è vero infatti che in SQL ci sono molti modi per operare le stesse query, è anche vero che, per agevolare gli utenti e i programmatori, con le versioni più recenti del linguaggio il comitato ANSI ha cercato di semplificare la sintassi e di mettere a disposizione termini riservati più precisi, puntuali e descrittivi. Dove è stato possibile, comunque, vengono indicati anche altri nomi dati allo stesso genere di join. Qualora il lettore volesse approfondire il suo studio dell'SQL, trovando in questo libro il riferimento ad altri termini potrà sentirsi meno spaesato...

Prodotto cartesiano

Il **prodotto cartesiano (cartesian product)** fra due tabelle (o due relazioni in senso lato) consiste semplicemente in tutte le possibili coppie di ogni record della prima relazione con ogni record della seconda. Per questo motivo in inglese viene chiamato anche **cross join (join incrociato)**.

Nell'SQL-89 per operare il prodotto cartesiano era necessario specificare la lista delle tabelle implicate, come nell'esempio che andremo ora a valutare. Questo è il metodo più semplice per ottenere il prodotto cartesiano di due tabelle chiamate *tabella1* e *tabella2*:

```
SELECT *
FROM tabella1, tabella2;
```

La versione ANSI SQL-92 prevede, oltre a questo metodo compatibile con la versione precedente, anche le parole riservate CROSS JOIN che vanno digitate tra i nomi delle tabelle (al posto quindi della virgola), secondo questa sintassi esemplificativa:

```
SELECT *
FROM tabella1 CROSS JOIN tabella2;
```

Ovviamente in entrambi i casi il risultato è l'insieme delle coppie delle righe delle due tabelle in questione, con tutti i campi poiché abbiamo scelto l'operatore *.

Spesso il prodotto cartesiano è troppo ridondante rispetto alle necessità di interrogazione, per cui di solito si opera un'ulteriore discriminazione dei dati attraverso la clausola WHERE. Quando si opera una query inserendo una condizione si ha in pratica una **predicato** o **condizione di join (join condition)**. Il join viene perciò chiamato **join di condizione (condition join)**.

Join naturale

Se, tra le tabelle che interessano, vogliamo estrarre i dati tenendo conto di eventuali colonne in relazione tra loro (fungono perciò da chiavi primarie, o candidate, ed esterne) si vuol operare quello che viene chiamato anche **join naturale (natural join)**.

Con l'SQL-89 era necessario specificare per ogni colonna la sua uguaglianza con la colonna analoga dell'altra tabella (o delle altre tabelle), mentre in SQL-92 è stata introdotta la parola riservata NATURAL che insieme alla parola JOIN descrive il tipo di join in questione. Questo tipo di notazione presenta il vantaggio di essere molto più concisa e descrittiva, e fa subito riferimento all'algebra relazionale.

Questo è un tipico esempio che coinvolge tre tabelle:

```
SELECT *
FROM tabella1 NATURAL JOIN tabella2 NATURAL JOIN tabella3;
```

È possibile anche discriminare su quali colonne vogliamo che venga effettuato il collegamento per il join naturale; se ciò non viene specificato vengono valutate nell'ordine tutte le colonne con lo stesso nome.

Di solito con il termine natural join si intende implicitamente il tipo di join che è anche **inner**, ovvero interno (ossia il contrario di 'outer', 'esterno'), per cui questa parola, che esiste come termine riservato negli standard SQL recenti, può essere omessa. Non è comunque errato un comando come il seguente:

```
SELECT *
FROM tabella1 NATURAL INNER JOIN tabella2;
```

Normalmente i join vengono valutati a partire da sinistra e andando verso destra.

Operare join su colonne specifiche

Nell'ANSI SQL-92 è pure possibile operare il join solo su specifiche colonne utilizzando la parola riservata USING. Il join in questo caso viene anche chiamato **column-join** o **join a colonna/e** (ovvero basato su una o più colonne). La differenza essenziale tra questo join e il join naturale consiste nel fatto che il column-join prevede anche le duplicazioni delle righe, mentre il join naturale le evita. Vediamo questo esempio:

```
SELECT *
FROM tabella1 JOIN tabella 2
USING (nome_colonna);
```

Nel caso indicato viene operato il join solo su una colonna; volendo operare su più colonne basta digitarne l'elenco all'interno delle parentesi:

```
SELECT *
FROM tabella1 JOIN tabella 2
USING (nome_colonna1, nome_colonna2);
```

Self join

Si ha un **self join** quando una tabella viene associata a se stessa (self), ottenendo così dei valori dalla stessa tabella.

Join esterno (outer join)

L'**outer join**, o **join esterno**, è chiamato anche **join aperto**. Questo genere di join viene operato quando si vogliono ottenere anche i record che non hanno un riferimento in record dell'altra tabella. In pratica, se non esiste una corrispondenza per una riga della prima tabella con nessuna della seconda la riga viene visualizzata lo stesso. Con SQL-92 e SQL-99 si possono utilizzare le seguenti parole riservate:

```
LEFT JOIN
RIGHT JOIN
FULL JOIN
```

Naturalmente questi termini possono essere usati anche in combinazione con la parola NATURAL:

```
NATURAL LEFT JOIN
NATURAL RIGHT JOIN
```

Alcuni ambienti implementano le cose in modo un po' diverso. Oracle, per esempio, permette una semplice ma molto potente implementazione dell'outer join attraverso il simbolo '(+)'. Nella query, in pratica, i dati che si vogliono visualizzare, anche se non esiste la corrispondenza, devono essere accompagnati dal simbolo '(+)'. Si noti il seguente esempio:

```
SELECT studenti.matricola, studenti.nome,
studenti.cognome, classi.codice, classi.sezione,
classi.specializzazione
```

```
FROM studenti, classi
WHERE studenti.matricola (+) = classi.alunno;
```

La query proposta è un OUTER JOIN che visualizza la matricola, il nome e il cognome degli studenti e la classe di appartenenza (codice, sezione e specializzazione), anche per quelli studenti che non risultano appartenenti ad alcuna classe, forse perché non sono stati ancora assegnati ad una classe in particolare.

Join d'unione (union join)

Oltre ai tipi di join visti prima esiste anche il **join d'unione** (**union join**) che comunque non è molto utilizzato. Consiste nell'unire tutte le colonne desiderate di una tabella con quelle dell'altra tabella. Si indica con la seguente query:

```
SELECT *
FROM tabella1 UNION JOIN tabella2;
```

Come già spiegato, non è tanto importante ricordare i nomi dei vari tipi di join, piuttosto sapere quali tipi di operazioni si possono fare per utilizzarle al momento in cui servono.

Si faccia anche attenzione ai risultati: a volte si operano join aspettandosi un certo risultato, mentre invece si ottengono informazioni poco ordinate o non nel modo sperato.

Per riepilogare si può dire che nell'operare i join ci si deve ricordare di alcune semplici regole:

1. per n tabelle occorre specificare n-1 condizioni di join;
2. l'ordine delle colonne in visualizzazione può essere importante: anche se desideriamo ottenerle tutte può essere utile elencarle nella giusta successione per migliorare il risultato d'uscita;
3. le righe desiderate devono essere scelte attraverso delle condizioni utilizzando opportunamente la clausola WHERE;
4. l'ordine di visualizzazione delle query può essere stabilito da un sapiente utilizzo della clausola ORDER BY.

Nozioni di insiemistica

Nel gestire le informazioni è utile ricordare le regole dell'**insiemistica**. Tutto ciò che ci circonda porta con sé dell'informazione.

Per esempio, un'automobile ha delle caratteristiche proprie, come la marca e il modello, il colore della carrozzeria, la motorizzazione, il numero di posti a sedere, e così potremmo continuare con un lungo elenco. È necessario stabilire cosa vogliamo memorizzare di un certo oggetto e pensare alle relazioni che questo può avere con il mondo che lo circonda. Si può anche stabilire di scendere a vari livelli di dettaglio.

Facendo sempre riferimento al caso dell'automobile, riflettiamo per esempio al tipo di alimentazione: potrebbe essere benzina o gasolio, gas propano liquido (GPL) o metano, o avere altri sistemi alternativi, come l'energia elettrica o l'energia solare e così via... Per quanto riguarda il tipo di motore, possiamo pensare al numero dei cilindri e di valvole per cilindro, al numero dei cavalli o dei KW (chilowatt di potenza) e ad altro ancora.

Quando desideriamo rappresentare l'informazione attraverso opportune strutture dati, dobbiamo pensare a quali proprietà abbiamo la necessità di memorizzare e come vogliamo gestirle. Nel caso di strutture dati simili per proprietà, possiamo anche prevedere di avere campi dello stesso genere (per dimensione e tipo). Questo ci consente di estrarre e raggruppare i dati in blocchi omogenei, cioè secondo caratteristiche comuni.

Il caso appena citato delle automobili potrebbe ad esempio essere ampliato pensando ai mezzi di trasporto in generale. In questo modo si potrebbe prevedere di raggruppare i mezzi di trasporto in base alla marca o in base al colore o all'anno di fabbricazione, ecc.

Operazioni sugli insiemi

Se abbiamo stabilito la struttura di un database, e quindi anche le caratteristiche interessanti da memorizzare di una o più tabelle, possiamo operare per ottenere tra diverse tabelle quelle registrazioni con dati in comune. SQL rende disponibili potenti operazioni di tipo insiemistico come l'**unione**, l'**intersezione** e la **differenza** tra insiemi.

Ripassiamo alcuni elementi di insiemistica rispolverando la nostra cultura scolastica (più o meno approfondita). Prendiamo due insiemi chiamati A e B e vediamo cosa significa applicare su di essi le operazioni degli insiemi.

Unione

A U B (A unito B) significa considerare tutti gli elementi di A e tutti quelli di B. Con SQL questa operazione è possibile attraverso l'istruzione UNION. Questa istruzione propone solo gli elementi non duplicati dei due insiemi. Per unire invece due insiemi comprendendo gli elementi duplicati, si può utilizzare UNION ALL.

Intersezione

A ∩ B (A intersecato B) significa invece prendere in considerazione solo gli elementi comuni ad A e B. Con SQL possiamo utilizzare l'istruzione INTERSECT.

Differenza

A \ B (A meno B) è la differenza e indica tutti gli elementi di A tolti quelli che appartengono anche a B. L'SQL standard mette a disposizione l'istruzione EXCEPT, mentre altre implementazioni utilizzano MINUS.

L'utilizzo di queste istruzioni consente di eliminare elementi duplicati.

È da notare che le istruzioni SELECT che intervengono nelle operazioni insiemistiche devono restituire lo stesso numero e tipo di colonne.

Esempi

Si elencano alcune query di esempio:

```
SELECT *
FROM studenti_a
UNION
SELECT *
FROM studenti_b;
```

Supponendo di avere due archivi di studenti con caratteristiche analoghe (ad esempio, *studenti_a* e *studenti_b*), la query di sopra propone a video tutti gli studenti del primo archivio e tutti quelli del secondo che non compaiono nel primo.

Per ottenere il nome e il cognome solo per quei record che appartengono sia alla tabella *studenti* che alla tabella *elenco*, si può provare la seguente query:

```
SELECT nome, cognome
FROM studenti
INTERSECT
SELECT nome, cognome
FROM elenco;
```

Per ottenere i nomi e i cognomi delle persone della tabella *studenti* che non compaiono anche nella tabella *elenco*, si dovrà digitare:

```
SELECT nome, cognome
FROM studenti
EXCEPT
SELECT nome, cognome
FROM elenco;
```

Le funzioni

SQL mette a disposizione alcune importanti **funzioni** da utilizzare su gruppi di dati per fare estrazioni particolari. In seguito faremo riferimento alle funzioni standard fornite con Oracle (le versioni più recenti).

Funzioni di gruppo (o funzioni aggregate)

Le **funzioni di gruppo** (si veda la Tabella 4.5) sono molto importanti poiché permettono di operare su gruppi di dati omogenei. Se all'interno della parentesi della funzione non si specifica nulla, SQL interpreta la query come se avessimo inserito la parola ALL e quindi esamina tutte le righe, comprese quelle duplicate, ed esclude solo le righe con valore NULL.

Specificando DISTINCT vengono invece eliminate le righe NULL e quelle duplicate.

Nome funzione	Scopo
MIN	restituisce il valore minimo di un insieme di valori selezionati
MAX	restituisce il valore massimo di un insieme di valori selezionati
AVG	restituisce la media di un insieme di valori selezionati
SUM	restituisce la somma in valore numerico dei dati selezionati
COUNT	conta il numero di record selezionati
VARIANCE	Varianza standard
STDDEV	deviazione standard dalla media

Tabella 4.5: Le funzioni di gruppo

La funzione COUNT

COUNT è una funzione di gruppo molto interessante perché consente di contare i record selezionati. Facendo riferimento al nostro solito esempio di studenti, possiamo semplicemente contare tutti i record della tabella corrispondente con l'istruzione:

```
SELECT COUNT(*)
FROM studenti;
```

Naturalmente se la tabella è vuota il risultato della funzione COUNT(*) sarà 0.

Supponendo di avere dei dati duplicati e volendo contare solo i campi distinti e non nulli, si può usare COUNT in combinazione con DISTINCT. Vediamo il seguente esempio:

```
SELECT COUNT(DISTINCT materia)
FROM voti;
```

La query sopra riportata ci permette di ottenere il numero di materie diverse memorizzate nella tabella *voti*, eliminando i dati nulli o duplicati.

Un saggio uso delle funzioni ci permette di scoprire cose interessanti sulle tabelle del nostro database. Per esempio, per sapere se esistono campi duplicati all'interno di una tabella si potrebbe eseguire questa query:

```
SELECT COUNT(*) DISTINCT nome_campo
FROM nome_tabella;
```

e la query:

```
SELECT COUNT(*) nome_campo
FROM nome_tabella;
```

La prima query ci dice quanti sono i diversi valori assunti dal campo *nome_campo* della tabella *nome_tabella*, mentre la seconda ci dice quanti sono in tutto indifferentemente se sono duplicati o meno.

Ovviamente se il numero non coincide vuol dire che esiste qualche elemento duplicato...

MIN e MAX

Le funzioni MIN, MAX vanno bene anche per i dati di tipo diverso dal numerico, ad esempio le stringhe di caratteri; in questo caso il controllo verrà effettuato sull'ordine alfabetico.

Un'altra query interessante che si può provare è la seguente:

```
SELECT MIN(voto)
FROM voti;
```

Il risultato sarà il voto più basso in assoluto tra quelli registrati nella tabella *voti*.

Un esempio un po' più sofisticato è quello che ci permette di recuperare nome e cognome di tutti gli studenti (ce ne può essere anche uno solo) che hanno ottenuto il voto massimo:

```
SELECT cognome, nome, voto
FROM studenti s, voti v
WHERE s.matricola = v.matricola
AND voto >= (SELECT MAX(voto)
FROM voti);
```

La subquery ci restituisce il voto più alto dalla tabella *voti* e la clausola WHERE della SELECT principale scarta i record degli studenti che non hanno ottenuto tale voto.

Uso di GROUP BY e HAVING

All'interno di un gruppo di dati selezionati possiamo indicare un'ulteriore discriminazione attraverso la clausola GROUP BY. Si noti, per esempio, la seguente istruzione:

```
SELECT FUNZIONE(nome_campo1), nome_campo2, …, nome_campoN
FROM nome_tabella
GROUP BY nome_campo1;
```

Opera una visualizzazione del risultato di FUNZIONE (qui la parola 'FUNZIONE' non è di per sé una parola chiave, ma vuole indicare una **funzione aggregata** di SQL come

SUM, AVG, COUNT, MIN e MAX spiegate in precedenza) su un gruppo di valori raggruppati per *nome_campo1*, e gli altri campi indicati.

Da notare che nella clausola SELECT si possono utilizzare soltanto funzioni di aggregazione sui campi della tabella oppure sugli stessi campi che compaiono nella GROUP BY; ad esempio, si noti la seguente istruzione SQL:

```
SELECT nome, COUNT(*), citta
FROM studenti
GROUP BY cognome;
```

Questa query risulta errata perché nella GROUP BY abbiamo specificato il campo *cognome* che non compare nella SELECT.

Vediamo ora come utilizzare HAVING. La seguente query:

```
SELECT FUNZIONE(nome_campo1), nome_campo2, ..., nome_campoN
FROM nome_tabella
GROUP BY nome_campo2
HAVING FUNZIONE(nome_campo1) = valore;
```

dopo avere raggruppato le righe per il *nome_campo2*, ci permette di scegliere all'interno del gruppo solo le righe che hanno il valore di FUNZIONE(*nome_campo1*) uguale a quello indicato.

Naturalmente la funzione di gruppo può essere operata su un campo qualsiasi e nell'ordine qualsiasi (quindi non solo sul primo campo).

Facciamo un esempio con la clausola HAVING. Supponiamo di voler estrarre dall'archivio dei voti tutti gli studenti che hanno come media di voti almeno la sufficienza. Possiamo operare come segue:

```
SELECT matricola
FROM  voti
GROUP BY matricola
HAVING AVG(voto) >= 6;
```

Volendo complicare un po' le cose, potremmo ora estrarre tutti i dati relativi agli studenti che hanno una media sufficiente:

```
SELECT *
FROM studenti
WHERE matricola in (SELECT matricola
                    FROM  voti
                    GROUP BY matricola
                    HAVING AVG(voto) >= 6);
```

La subquery interna è la stessa proposta prima: estrae solo le matricole degli studenti con media dei voti maggiore o uguale a sei. Queste matricole vengono utilizzate per la query esterna che ci propone tutti i campi dall'archivio studenti solo per tali matricole.

Funzioni per la gestione delle stringhe

Si tratta delle funzioni che permettono di manipolare stringhe di caratteri (alfanumeriche). Si elencano di seguito le funzioni tipiche che troviamo nei sistemi Oracle.

Nome funzione	Scopo
UPPER(stringa)	la stringa passata viene restituita in maiuscolo
LOWER(stringa)	la stringa passata viene restituita in minuscolo
INITCAP(stringa)	la prima lettera della stringa viene trasformata in maiuscolo e le altre in minuscolo
SUBSTR(stringa, n, lunghezza)	estrae la sottostringa specificata a partire dalla posizione n per la lunghezza indicata
TRANSLATE(stringa, stringa1, stringa2)	nella stringa indicata traduce i caratteri di stringa1 con i corrispondenti di stringa2
REPLACE(stringa, stringa1, stringa2)	converte la stringa1 in stringa2, all'interno della stringa passata in ingresso
LENGHT(stringa)	fornisce in uscita la lunghezza della stringa
LPAD(stringa, lunghezza, stringa2)	aggiunge stringa2 alla sinistra della stringa1 fino alla lunghezza indicata
RPAD(stringa, lunghezza, stringa2)	aggiunge stringa2 alla destra della stringa1 fino alla lunghezza indicata
LTRIM(stringa1, stringa2)	elimina i caratteri contenuti in stringa2 dalla stringa1, partendo da sinistra
RTRIM(stringa1, stringa2)	elimina i caratteri contenuti in stringa2 dalla stringa1, partendo da destra
INSTR(stringa1, stringa2, posizione,	ricerca la posizione di stringa2 all'interno di stringa1, a partire dal carattere indicato da posizione, dalla volta

n)	specificata con n
ASCII(stringa)	restituisce il codice ASCII del primo carattere della stringa passata
CHR(numero)	restituisce il carattere che ha come codice ASCII il numero passato in ingresso
SOUNDEX(stringa)	restituisce la rappresentazione fonetica della stringa

Tabella 4.6: Le funzioni per la gestione delle stringhe

Funzioni numeriche

Nome funzione	Scopo
ROUND(valore, numero_cifre)	restituisce il valore di arrotondato al numero di cifre. Se numero_cifre viene omesso, arrotonda all'intero più vicino
TRUNC(valore, numero_cifre)	restituisce il valore troncato al numero di cifre indicato. Se numero_cifre viene omesso, tronca all'intero più vicino per difetto
SIGN(numero)	restituisce il segno
MOD(numero1, numero2)	restituisce il resto della divisione numero1 / numero2 con quoziente intero
POWER(numero1, numero2)	restituisce numero1 elevato alla potenza numero2
SQRT(numero)	restituisce la radice quadrata del numero passato in ingresso
ABS(numero)	restituisce il valore assoluto del numero passato in ingresso
FLOOR(numero)	restituisce l'intero più vicino, per difetto al numero passato
CEIL(numero)	restituisce l'intero più vicino, per eccesso al numero passato

Tabella 4.7: Le funzioni numeriche

Altre funzioni numeriche

Esistono anche altre funzioni implementate in alcuni database, come Oracle 7 e successivi, che permettono calcoli numerici particolari in riferimento a funzioni trigonometriche e trascendenti come i logaritmi e le funzioni esponenziali. Nelle funzioni trigonometriche n deve essere espresso in radianti. Per fare una conversione si può ricordare che un angolo in gradi sta all'angolo in radianti come 180° sta a π (pi greco).

Ang ° : Ang rad = 180° : π

Formule derivate:

ang ° = ang rad * 180 / π

ang rad = ang ° * π / 180

Funzione	Risultato
COS(n)	il coseno di n
COSH(n)	il coseno iperbolico di n
EXP(n)	e^n (numero di Nepero = 2.71828183... elevato alla n)
LN(n)	il logaritmo naturale di n (n deve essere positivo)
LOG(m, n)	il logaritmo in base m di n
SIN(n)	il seno di n
SINH(n)	il seno iperbolico di n
TAN(n)	la tangente di n
TANH(n)	la tangente iperbolica di n

Tabella 4.8: Altre funzioni numeriche fornite con Oracle

Funzioni per la gestione di date

Nome funzione	Scopo
SYS_DATE	fornisce la data corrente di sistema
ADD_MONTHS(data, n_mesi)	somma alla data indicata n_mesi
MONTHS_BETWEEN(data1, data2)	restituisce la differenza in mesi tra data2 e data1
LAST_DAY(data)	restituisce l'ultimo giorno del mese della data di ingresso
NEXT_DAY(data)	fornisce il giorno successivo alla data passata in ingresso
NEW_TIME(tempo, zona1, zona2)	restituisce la data e l'ora della zona2 al tempo della zona1

Tabella 4.9: Funzioni per la gestione delle date

Funzioni di conversione

Nome funzione	Scopo
TO_CHAR(numero, formato)	converte *numero* in stringa di caratteri secondo il formato specificato (formato può essere omesso, nel qual caso il formato assunto sarà quello di default)
TO_DATE(stringa, formato)	converte la stringa in data secondo il formato specificato (*formato* può essere omesso, nel qual caso sarà il formato di default)
TO_NUMBER(stringa)	converte la stringa in un numero

Tabella 4.10: Funzioni di conversione

Funzioni generali

Nome funzione	Scopo
NVL(valore1, valore2)	permette di sostituire il valore2 a valore1 se questo è NULL
GREATEST(valore1, valore2, ...valoreN)	restituisce il valore maggiore della serie
LEAST(valore1, valore2, ...valoreN)	restituisce il valore minore della serie
VSIZE(espressione)	restituisce il numero di byte occupato nel database
DUMP(espressione, radice, posizione, byte)	visualizza il valore interno dell'espressione
DECODE(espressione, valore1, restituito1, valore2, restituito2, valoreN, restituitoN, altro)	restituisce rispettivamente restituito1,..., restituitoN infunzione del valore1, ..., valoreN assunto dall'espressione, altrimenti restituisce il valore *altro*

Tabella 4:11: Funzioni generali

Alcuni esempi

Dopo questa panoramica facciamo qualche esempio di utilizzo delle funzioni.

Dalla tabella *voti* possiamo avere informazioni sulla data di una prova di un certo studente in una certa materia. Supponiamo che l'insegnante interroghi circa una volta al mese. Per sapere quando dovrebbero essere interrogati nuovamente gli studenti nella materia 'elettronica' si potrebbe operare questa query:

```
SELECT matricola, ADD_MONTHS(data, 1)
FROM voti
WHERE materia = 'elettronica';
```

Si ottiene la matricola e la data delle prove con un mese in più aggiunto.

Per ottenere il valore il più preciso possibile di π, lo si può calcolare facendo uso della funzione arcotangente (cioè l'arco la cui tangente è...):

$$\pi = 4 * ATN(1)$$

Supponendo che il DBMS supporti la funzione ATN (ad esempio stiamo lavorando in ambiente Oracle), in SQL si può scrivere:

```
SELECT 4 * ATN(1)
FROM DUAL;
```

Viste

Una **vista** (VIEW, secondo il linguaggio inglese di SQL) è un insieme di informazioni che trae spunto da una o più tabelle e/o altre viste, ma senza comportare una memorizzazione fisica indipendente, in quanto i dati rimangono ancora nelle tabelle originarie.

Una view è in pratica una query che rimane memorizzata all'interno del dizionario dei dati. Consente in tal modo di gestire più semplicemente i dati scelti. Per questo motivo le viste vengono anche chiamate **query persistenti** o **tabelle derivate**. Una vista è quindi una **tavola logica** basata su una o più tabelle e/o una o più viste.

Comunemente una vista si costruisce a partire da alcuni dati selezionati, per cui si deve come al solito avere prima in mente lo scopo della view. La sintassi completa è questa:

```
CREATE VIEW nome_vista
AS SELECT nome_campo1, nome_campo2, ..., nome_campoN
FROM nome_tabella;
```

Anche se la query può essere complessa (per esempio, far riferimento a più tavole e utilizzare una o più funzioni) non può contenere la clausola ORDER BY. Quando non si specificano i nomi dei campi della vista, vengono assunti gli stessi nomi delle tavole originarie.

Supponiamo di voler costruire una view semplicemente che abbia solo due colonne della tabella *studenti*, quelle relative al *nome* e al *cognome*. Si procede come segue:

```
CREATE VIEW nominativi_studenti
AS SELECT nome, cognome
FROM studenti;
```

Di tutte le righe della tabella studenti vengono presi solo i nomi e i cognomi. È comunque possibile operare delle discriminazioni come nelle normali SELECT. Per esempio, se si vuol creare una vista con i nominativi di tutti gli studenti di un certo istituto, come il 'Meucci', basta digitare:

```
CREATE VIEW nominativi_studenti
AS SELECT nome, cognome
FROM studenti
WHERE scuola = 'I.T.I.S. A. Meucci';
```

Si possono comunque creare anche VIEW a partire da più tabelle, per esempio la seguente CREATE:

```
CREATE VIEW nomi_voti_studenti
AS SELECT a.nome, a.cognome, b.voto
FROM studenti a, voti b
WHERE a.matricola = b.matricola;
```

costruisce una vista chiamata *nomi_voti_studenti* che include il nome e il cognome di tutti gli studenti degli archivi *studenti* e *voti*, i vari voti di ognuno, e prende i dati di tutti coloro che sono memorizzati in entrambi gli archivi, tenendo come termine di paragone la matricola, che poi è l'unico dato sicuramente univoco di tali tabelle.

Supponiamo di voler creare una vista con nome suo e dei campi in inglese; la creiamo dando dei nomi diversi a quelli presenti nelle tabelle di partenza.

```
CREATE VIEW student_name
      (name, surname)
AS SELECT a.nome, a.cognome
FROM studenti a;
```

La vista *student_name* conterrà i nomi e i cognomi degli studenti, ma i campi si chiameranno *name* e *surname*.

Se la vista che si desidera creare esiste già, non è possibile passarci sopra con la normale istruzione CREATE: è necessario eliminarla con DROP VIEW e ricrearla oppure far seguire a CREATE le parole OR REPLACE. In questo modo la vista verrà sovrascritta secondo le nuove specifiche. Si noti il seguente esempio, relativo alla view precedente:

```
CREATE OR REPLACE VIEW nomi_voti_studenti
AS SELECT a.matricola, a.nome, a.cognome, b.voti
FROM studenti a, voti b
WHERE a.matricola = b.matricola;
```

Con questa istruzione abbiamo ricreato la view *nomi_voti_studenti*, sovrascrivendola perché già esistente, aggiungendole un campo: la matricola dello studente.

Esistono anche altre opzioni dell'istruzione CREATE VIEW che permettono di compiere diverse operazioni; le elenchiamo nella Tabella 4.12.

Opzione di CREATE VIEW	Scopo
FORCE	permette di creare la vista anche se non esiste la tabella di base
NOFORCE	al contrario di FORCE, crea la vista solo se esiste la tabella di base
WITH CHECK OPTION	serve ad indicare che solo i record visibili alla vista possono essere inseriti o aggiornati
WITH READ ONLY	si utilizza per garantire che non possa essere svolta nessuna operazione di manipolazione dei dati (DML) attraverso la vista

Tabella 4.12: Opzioni dell'istruzione CREATE VIEW

Per poter effettuare operazioni di manipolazione dati attraverso una vista, è quasi sempre indispensabile che la vista afferisca ad una sola tabella (a seconda dell'implementazione di SQL nell'ambiente che si sta utilizzando).

I dati si possono cancellare solo se la vista non contiene funzioni di gruppo, GROUP BY e DISTINCT.

Per poter modificare dei dati, invece, sono necessarie le stesse regole e inoltre non devono esserci colonne definite da espressioni né la pseudocolonna ROWNUM.

Per poter fare gli inserimenti, oltre a tutte le regole appena esposte, si deve ricordare che le colonne NOT NULL della tabella non devono rientrare nella query specificata.

Utilità delle viste e considerazioni pratiche

L'uso delle viste può essere molto utile se si desidera evitare di costruire più volte query complesse, o se si vuole avere visione dei dati attraverso altre strutture che non siano vere e proprie tabelle con tanto di registrazione fisica. Attraverso viste appropriate si restringe infatti l'accesso al database. Potendo operare query anche sulle viste, gli utenti possono avere la vita facilitata. Inoltre l'accesso alle viste può essere regolamentato da criteri prestabiliti in funzione di gruppi di utenti o programmi applicativi.

Si ricordi, però, che una modifica su una vista può incidere comunque sulle tabelle associate, per cui queste operazioni devono essere fatte con criterio e cognizione di causa. Nel caso non si voglia concedere il privilegio di modifica dei dati, si dovrebbe attivare al più presto l'opzione WITH READ ONLY.

Visualizzazione della forma strutturale di una vista

È possibile visualizzare come è fatta una vista creata dall'utente attraverso il comando:

```
DESCRIBE nome_vista;
```

o, in forma abbreviata,

```
DESC nome_vista;
```

Capitolo 5 - Uso di indici, sequenze e cursori

Indici

Definizione e scopo

Lo scopo degli indici è quello di mantenere le righe ordinate secondo i criteri stabiliti e velocizzare le estrazioni di record attraverso puntatori. Si ha anche il risultato di diminuire le operazioni di input/output alla memoria di massa, accelerando di conseguenza il ritrovamento dei dati. Non tutti i DBMS implementano gli indici nello stesso modo, per cui conviene sempre analizzare la manualistica in dotazione.

Come abbiamo già ricordato altre volte, gli esempi qui riportati fanno riferimento in particolare ai server di database Oracle, per molti versi un punto di riferimento quando si parla di linguaggio SQL, quindi vediamo almeno in parte l'implementazione in questi ambienti.

Alcuni indici vengono creati automaticamente dal sistema di gestione del database mentre altri possono essere creati dall'utente. Ogni volta che si definisce un constraint di tipo PRIMARY KEY o UNIQUE in una tabella, viene creato un indice in modo automatico. Se si vuol creare un indice manualmente, questo è possibile facendo riferimento a colonne con NON-UNIQUE. Le colonne utilizzate per un indice devono essere tutte NOT NULL.

In ogni caso l'uso degli indici è supportato autonomamente dal database e la gestione è trasparente all'utente.

Tipi di indici

I vari DBMS mettono a disposizione più di un tipo di indici, comunque praticamente tutti prevedono il tipo composto o concatenato.

Tipo di indice	Scopo
Unico	garantisce che i valori delle colonne siano univoci
Non unico	i valori possono essere duplicati, ma si velocizzano comunque le query
A colonna singola (single-column)	si ottiene facendo riferimento ad una sola colonna della tabella
Concatenato o composto	si ottiene a partire da più colonne della tabella

Tabella 5.1: Tipici di indici messi a disposizione dagli ambienti Oracle

Creazione di un indice

La sintassi per creare un indice è la seguente:

```
CREATE INDEX nome_indice
ON nome_tabella (colonna1, colonna2, ..., colonnaN);
```

Ad esempio, sulla ormai famosa tabella *studenti*, con queste istruzioni:

```
CREATE INDEX matricola_studente_ind
ON studenti (matricola);
```

creiamo un indice in funzione della matricola e lo chiamiamo *matricola_studente_ind*.

Eliminazione di un indice

Al solito, anche per cancellare un indice si ricorre a DROP (aggiungendo ovviamente la parola INDEX):

```
DROP INDEX nome_indice;
```

Questa operazione comunque non può essere effettuata sugli indici creati automaticamente mediante i constraint.

Considerazioni

Ci sono delle circostanze in cui la creazione di indici non è molto utile o addirittura non ha senso. Il caso tipico si ha quando la tabella è di ridotte dimensioni, o quando le colonne non sono usate spesso come condizione nelle query. Ancora, potrebbe non avere molto senso utilizzare gli indici quando la tabella viene aggiornata abbastanza frequentemente.

Non ci si dovrebbero aspettare 'miracoli' come risultato della creazione degli indici. Bisogna essere realisti e pensare che le prestazioni *possono* migliorare, ma non sempre in modo eclatante: tutto dipende dal caso specifico. Per esempio, può essere utile creare un indice su una specifica colonna (o insieme di colonne composte) quando questa viene utilizzata spesso nelle clausole indicate con WHERE o in join, o se contiene tanti valori diversi tra loro o molti valori nulli.

Sequenze

Quando si decide di avere una chiave, per una tabella, definita come codice numerico incrementabile in automatico, ci troviamo di fronte ad un piccolo ma non banale problema. Dobbiamo prevedere in pratica che da qualche parte venga memorizzato un numero che al prossimo utilizzo venga incrementato di un'unità (o di un valore fisso stabilito a priori).

Questa gestione di dati variabili ma registrabili normalmente implica parte di codice che si colleghi in qualche maniera al database.

Un metodo interessante per risolvere questa problematica è l'utilizzo delle sequenze, oggetti forniti con alcuni DBMS (SQL standard o no), come ad esempio Oracle.

Definizione e scopo

Una sequenza permette di generare automaticamente numeri unici per le righe di una tabella. Anche se la sequenza viene creata da un utente, altri possono utilizzare questa struttura (è condivisibile). All'interno del database verrà a costituirsi una routine che si preoccuperà di incrementare o decrementare il valore per la sequenza, rendendo possibile quindi la diminuzione di eventuale codice di gestione di queste speciali variabili che devono rimanere registrate nel tempo. I valori memorizzati delle sequenze, essendo condivisibili, possono essere utilizzati pure per varie tabelle.

Creazione di una sequenza

Per creare una sequenza si deve impartire l'istruzione CREATE SEQUENCE, come segue:

```
CREATE SEQUENCE nome_sequenza
INCREMENT BY valore1
START WITH valore2
```

INCREMENT BY definisce di quanto (valore1) deve essere incrementata la sequenza, mentre START WITH stabilisce quale deve essere il valore di partenza (valore2).

Eliminazione di una sequenza

Per eliminare una sequenza si usa l'istruzione DROP SEQUENCE:

```
DROP SEQUENCE nome_sequenza
```

Considerazioni

Visto che le sequenze vengono gestite dal DBMS, può essere utile fare riferimento alla documentazione ufficiale fornita dal produttore del sistema per capire meglio come vengono implementate nel caso specifico.

MySQL non supporta direttamente le sequenze come nei DBMS Oracle, ma il problema può essere facilmente superato tramite l'attributo AUTO_INCREMENT.

Cursori

Definizione e scopo

Un altro oggetto interessante sono i cursori. I cursori sono implementati nei linguaggi di estensione procedurali di SQL, come in PL/SQL e Transact SQL. Permettono di considerare le informazioni estratte come singole registrazioni. Le righe vengono lette attraverso l'istruzione FETCH e possono essere gestite come record di file sequenziali.

Dichiarazione

Per utilizzare un cursore all'interno di un blocco di codice, bisogna prima dichiararlo con l'istruzione:

```
DECLARE nome_cursore CURSOR FOR < specifiche >
```

Apertura

Oltre alla dichiarazione di un cursore, è necessario passare alla sua apertura tramite l'istruzione:

```
OPEN nome_cursore
```

Chiudere il cursore

Per chiudere un cursore basta digitare:

```
CLOSE nome_cursore
```

Ogni volta che si legge il record attraverso l'istruzione FETCH, viene incrementato il contatore del cursore per far riferimento alla riga successiva.

I cursori possono essere utilizzati solo all'interno di script e blocchi di codice incorporato in altri linguaggi, per cui è necessaria una certa capacità di programmazione. Non approfondiamo l'argomento; il lettore può leggere eventualmente pubblicazioni citate nella bibliografia.

Capitolo 6 - Modifiche alle strutture e ai dati memorizzati

Come abbiamo accennato in precedenza, le strutture dati possono essere aggiornate solo per quanto riguarda i dati (modificando, cancellando o inserendo informazioni) oppure alterate in relazione a come erano state definite in una precedente fase di creazione o di alterazione. Cominciamo con le istruzioni che operano sui dati.

Per aggiornare una tabella si utilizza l'istruzione UPDATE. La sintassi è la seguente:

```
UPDATE nome_tabella
SET nome_campo1 = nuovo_valore, nome_campo2 = nuovo_valore, ...
WHERE < condizione >
```

Riprendendo la tabella dei nostri esempi, supponiamo di dover cambiare l'indirizzo allo studente identificato dal codice matricola uguale a 253, sapendo che ora abita in 'Via degli Impegnati, 45'. Si opera quindi come segue:

```
UPDATE studenti
SET indirizzo = 'Via degli Impegnati, 45'
WHERE matricola = 253;
```

Dopo aver indicato quale tabella vogliamo aggiornare (alcuni informatici usano la parola 'updatare', ma si tratta di un inglesismo poco apprezzabile) dobbiamo indicare quale campo subirà l'aggiornamento, attraverso il comando SET, e il nuovo valore che dovrà assumere. In questo caso desideriamo che l'indirizzo diventi uguale a 'Via degli Impegnati, 45'. È importante ricordare che l'operazione di aggiornamento avviene indipendentemente dal contenuto precedente del campo o dei campi che vogliamo aggiornare.

Nell'esempio, l'aggiornamento influenzerà solo lo studente con la matricola 253, ossia *matricola* = 253.

Per controllare se l'aggiornamento è andato a buon fine, si può selezionare quel record specifico con l'istruzione:

```
SELECT *
FROM studenti
WHERE matricola = 253;
```

Ovviamente è possibile aggiornare anche più campi, specificando dopo SET gli assegnamenti da impartire ai rispettivi nomi di campo e per più record (righe). Ad esempio, i lettori più attenti alla geografia avranno notato nell'anagrafica relativa agli studenti che c'è qualche errore nei dati per quanto riguarda le province. Volendo cambiare provincia a tutti quelli che risiedono a Prato o a Galciana, dato che da qualche tempo Prato fa provincia a sé e alcuni luoghi non afferiscono non più a Pistoia, basterà digitare:

```
UPDATE studenti
SET provincia = 'PO'
WHERE citta in ('Prato', 'Galciana');
```

Se per caso avessimo dei campi vuoti, anziché lasciarli tali, potrebbe essere il caso di aggiornarli con un valore ben conosciuto a priori. Per esempio, per quegli studenti che non hanno un indirizzo fisso, potremmo inserire il valore 'sconosciuto'.

```
UPDATE studenti
SET indirizzo = 'sconosciuto'
WHERE indirizzo = '';
```

Supponiamo ora di aver sbagliato l'inserimento di un voto nella tabella *voti*. Allo studente con matricola 10 dobbiamo modificare il voto che ha conseguito nella prova di elettronica del 27 maggio 2010 mettendogli come voto nuovo 6.5.

```
UPDATE voti
SET voto = 6.5
WHERE matricola = 10
AND data = 27-may-99
AND materia = 'elettronica';
```

Vediamo un altro caso. L'insegnante di storia si è reso conto che nessuno studia la sua materia e preso da un atto di magnanimità (forse sperando di farsi benvolere) decide di alzare a tutti il voto di mezzo punto:

```
UPDATE voti
SET voto = voto + 0.5
WHERE materia = 'storia';
```

Ma forse l'insegnante si era sbagliato, ovvero, l'intenzione era buona, ma doveva alzare il voto solo ad alcuni suoi studenti, dei quali ovviamente è necessario conoscere la matricola. Gli studenti hanno come codice di matricola: 10, 20, 21, 23, 28. L'operazione di UPDATE sopra riportata andava scritta allora in questo modo:

```
UPDATE voti
SET voto = voto + 0.5
WHERE materia = 'storia'
AND matricola IN (10, 20, 21, 23, 28);
```

Vediamo ancora un ulteriore esempio. Il preside dell'I.T.I.S. "Secifosse" ritiene che non sia possibile dare voti inferiori a 3, per cui obbliga tutti gli insegnanti del suo istituto a mettere 3 come voto minimo (quindi a tutti gli studenti che hanno un voto più basso si deve aggiornare il voto mettendo il valore 3).

Qui sorge un problema. Nella tabella *voti* non abbiamo un campo che indichi direttamente che quel particolare studente appartiene ad un certo istituto. Come risolviamo la questione? Servendoci di un'altra tabella.

Nella tabella *voti* abbiamo la matricola dello studente e possiamo inoltre sapere dalla tabella *studenti* quali sono le matricole degli studenti dell'ITIS "Secifosse":

```
UPDATE voti
SET voto = 3
WHERE voto < 3
AND matricola IN (SELECT matricola
                  FROM studenti
                  WHERE scuola = 'I.T.I.S. Secifosse');
```

La subquery più interna estrae tutte le matricole degli studenti appartenenti alla scuola in questione e passa tali matricole alla query più esterna che se ne serve per aggiornare, solo per questi studenti, i voti di coloro che hanno meno di 3.

Cancellazione di dati

Quando si parla di cancellazione di dati, si può pensare sia a singoli record che a intere tabelle. Le istruzioni che prenderemo in considerazione sono: DELETE, TRUNCATE e DROP.

Cancellazione di singole righe

Per cancellare righe (o tuple) da una tabella o da una vista si utilizza l'istruzione DELETE. Questa è la sintassi:

```
DELETE FROM nome_struttura
WHERE < condizione >;
```

Facciamo un esempio pratico. Il 17 maggio 2010 dalla stazione di rilevamento dati meteorologici n° 157 sono giunti dati errati a causa di un guasto dei sensori. Si decide che quei dati sono da eliminare perché non attendibili. Si procede come segue:

```
DELETE FROM rilevamenti
WHERE data = '17-MAY-2010'
AND codice = 157;
```

La tabella che andiamo a modificare si chiama *rilevamenti* (l'abbiamo definita qualche pagina indietro).

Il sistema dovrebbe rispondere dicendo quante righe sono state cancellate.

Nel caso di DELETE su una vista vengono cancellate le righe corrispondenti della tabella reale su cui la vista è basata (a meno che non siano impostati dei controlli, CHECK, sulla vista).

Esercizio

Uno studente si è trasferito e dobbiamo eliminare completamente dalla nostra tabella i dati che lo riguardano. Lo studente ha per matricola il numero 15.

Soluzione

Per risolvere l'esercizio proposto è sufficiente digitare:

```
DELETE FROM studenti
WHERE matricola = 15;
```

Scaricamento completo dei dati

Per eliminare tutti i dati da una tabella (tutte le righe) si possono utilizzare i comandi TRUNCATE TABLE, DELETE FROM o DROP TABLE, con alcune differenze significative che andremo a vedere.

TRUNCATE TABLE è un comando supportato da tempo dai sistemi evoluti come Oracle e recentemente è entrato nella sintassi standard del linguaggio SQL. Permette di cancellare tutte le righe di una tabella. In pratica svuota la tabella senza tuttavia modificarne la sua forma strutturale. Ad esempio, si noti l'istruzione seguente:

```
TRUNCATE TABLE studenti;
```

Se l'operazione è andata a buon fine il sistema dovrebbe rispondere con un messaggio del genere:

```
Table truncated.
```

e il contenuto della tabella *studenti* sarà stato eliminato.

Lo stesso risultato si poteva ottenere con il comando:

```
DELETE FROM studenti;
```

TRUNCATE, al contrario di DELETE, non consente l'uso della clausola WHERE.

Poiché il comando TRUNCATE TABLE rientra tra le istruzioni DDL, non è possibile impartire un comando ROLLBACK dopo averlo lanciato. Non ricorrendo a segmenti di rollback, l'esecuzione di una istruzione TRUNCATE è sensibilmente più veloce dell'esecuzione di una DELETE.

Va ricordato comunque che, nel caso esistesse un'integrità referenziale tra una tabella ad un'altra, non sarebbe possibile eseguire il comando di TRUNCATE. In questo caso sarebbe necessario rimuovere il constraint e operare successivamente con la TRUNCATE TABLE.

Eliminazione di dati e strutture

Può capitare di voler eliminare una struttura dai nostri archivi. Abbiamo già visto che l'eliminazione è consentita attraverso l'istruzione DROP seguita dal tipo di struttura e dal suo nome.

Per esempio, per eliminare la tabella *studenti* creata in precedenza, si deve impartire il comando:

```
DROP TABLE studenti;
```

Se l'operazione è andata bene, il sistema risponderà:

```
Table dropped.
```

Anche con DROP non si utilizza la clausola WHERE.

Si ricordi che non esiste la possibilità di tornare indietro con un comando ROLLBACK dopo l'esecuzione di una DROP! Inoltre, a differenza di TRUNCATE, DROP elimina fisicamente la struttura oltre che il suo contenuto. Anche qui qualche informatico usa l'inglesismo 'la tabella è stata droppata', ma, tanto per cambiare, quest'ultimo termine non è molto carino: lo riportiamo per far capire ai lettori l'espressione, se la dovessero sentire nell'ambiente...

Cancellazione di una vista

La cancellazione di una vista può essere effettuata attraverso il comando:

```
DROP VIEW nome_vista;
```

Riepilogo

Si deve sempre anteporre al nome della struttura in questione il suo genere (database, indice, sinonimo, tabella o vista). Ricordiamo di seguito l'uso di DROP in combinazione con la struttura che si intende eliminare.

```
DROP DATABASE nome;
DROP INDEX nome;
DROP SYNONYM nome;
DROP TABLE nome;
DROP VIEW nome;
```

Queste istruzioni permettono di eliminare rispettivamente: un database SQL e tutti i relativi oggetti dalla directory del database, un indice, un sinonimo, una tabella e una vista. Dopo aver impartito un'istruzione DROP non è possibile ripristinare la situazione.

I DBMS Oracle supportano questo comando solo dalla versione 10g in poi. Con le versioni precedenti, per eliminare un DB è necessario utilizzare l'istruzione:

```
CREATE DATABASE nome_database
```

senza parametri particolari. Ovviamente *nome_database* è il nome del database che si desidera eliminare.

Inserire dati da altre tabelle

Un metodo veloce per popolare una tabella con i dati di un'altra tabella, sempre che questa sia perfettamente compatibile con la prima, è il seguente:

```
INSERT INTO studenti
SELECT *
FROM elenco_studenti;
```

Nel caso non ci fosse una perfetta corrispondenza nella struttura della tabella, si possono avere dei problemi. Si noti questa INSERT INTO:

```
INSERT INTO tabella_destinazione
SELECT nome_campo1, nome_campo2
FROM tabella_origine;
```

Se i campi *nome_campo1*, *nome_campo2* della tabella *tabella_origine* sono perfettamente compatibili con i campi della della *tabella_destinazione*, l'inserimento avrà successo.

In ogni caso, è molto importante rispettare l'ordine di inserimento dei dati secondo quello relativo ai campi, che comunque può differire dall'ordine indicato nella CREATE TABLE.

Controllo delle transazioni

Visto che nessun essere umano è infallibile, anche per gli analisti più accreditati è confortante sapere che per la maggior parte delle operazioni compiute è possibile tornare indietro eliminando l'ultima operazione svolta prima di una conferma (un po' come annullare l'ultima operazione è consentito tramite l'undo dei programmi di grafica o con il comando *modifica - annulla* di famosi elaboratori testi). Il comando che consente il ripristino si chiama ROLLBACK.

Per confermare che le operazioni effettuate invece vanno bene si usa il comando COMMIT. Dopo tale comando non è possibile tornare indietro! Dopo avere impartito un comando come COMMIT o ROLLBACK, è bene verificare quale sia la reale situazione delle tabelle che stavamo gestendo, per maggior sicurezza.

In effetti, una transazione comincia dopo una COMMIT o dopo aver impartito il comando SET TRANSACTION o BEGIN TRANSACTION. L'istruzione ROLLBACK ovviamente annulla le operazioni dell'ultima transazione eseguita e rimette i dati come erano prima di iniziare la transazione stessa. Naturalmente i dati, per poter essere ripristinati, devono essere memorizzati dal sistema in qualche zona di memoria apposita. Ma è il sistema di gestione del database che se ne fa carico in modo trasparente all'utente. L'unica cosa che si può modificare in alcuni DBMS è lo spazio dedicato a questi segmenti di rollback (rollback segment); chi fosse interessato ad approfondire l'argomento può consultare la manualistica in dotazione.

Può risultare utile, comunque, inserire dei punti fermi all'interno di una transazione per salvare il lavoro svolto fino a quel punto; questo è in realtà concesso attraverso i cosiddetti punti di salvataggio o **savepoint**. Impartendo una ROLLBACK, si annullano le operazioni effettuate dopo quel punto particolare.

Con i RDBMS forniti da Oracle, il comando per registrare un savepoint è il seguente:

```
SAVEPOINT nome_savepoint;
```

Con SQL Server di Sybase o Microsoft, la sintassi è invece la seguente:

```
SAVE TRANSACTION nome_savepoint;
```

Alterazione delle strutture dati

Talvolta può essere necessario modificare la struttura di una tabella, ad esempio, potrebbe rendersi necessario inserire una nuova colonna, o eliminarla, o solo cambiare il tipo di dati che può ospitare una particolare colonna. Per far questo si utilizza l'istruzione ALTER.

Siccome non si tratta di semplici modifiche ai dati contenuti, il termine ALTER ('to alter' si può tradurre alla lettera come 'alterare') rende bene l'idea dell'operazione un po' drastica che si vuole compiere.

Aggiungere una colonna

Questa è la sintassi estesa dell'istruzione utilizzata per aggiungere una colonna alla tabella in questione:

```
ALTER TABLE nome_tabella
```

```
ADD nome_colonna tipo_dati;
```

Modificare il tipo di dati di una colonna

Per modificare qualche informazione relativa ad una colonna possiamo utilizzare questa variante:

```
ALTER TABLE nome_tabella
MODIFY nome_colonna tipo_dati;
```

Se l'operazione riesce, il computer risponde che la tabella è stata alterata:

```
Table altered.
```

Si ricordi che è possibile 'allargare' una colonna definendola dello stesso tipo ma con un maggior numero di caratteri o di cifre, ma non è possibile ridurre la dimensione se questa è inferiore alla larghezza massima anche di un solo campo valori della colonna. Inoltre non è possibile trasformare una colonna che contiene valori nulli da NULL a NOT NULL e non si può neanche cambiare il tipo di dato di una colonna a meno che non sia vuota.

Facciamo un esempio basandoci sull'archivio relativo agli studenti. Supponiamo che dopo un po' di tempo che stavamo gestendo la ormai famosa tabella *studenti* ci siamo accorti che sarebbe stato utile disporre di un campo in più, che al momento manca, come una colonna riportante il numero di telefono. Di solito gli istituti chiedono anche questa informazione nel caso fosse necessario chiamare la famiglia per qualche imprevisto o semplicemente per avvisare che lo studente non è proprio un allievo modello, visto che spesso e volentieri 'marina' la scuola.

Provvediamo quindi ad inserire questa nuova colonna di dati con le seguenti istruzioni:

```
ALTER TABLE studenti
ADD telefono CHAR(15);
```

Tramite l'istruzione ALTER è possibile indicare anche la posizione del campo all'interno della tabella e se il campo deve o meno essere di tipo NULL. Nell'esempio seguente il campo telefono viene inserito come NOT NULL dopo il campo provincia:

```
ALTER TABLE `studenti` ADD `telefono` VARCHAR( 15 ) NOT
NULL AFTER `provincia`;
```

Apriamo una parentesi e facciamo qualche considerazione sul tipo di dato scelto. In Italia è ormai richiesta la digitazione del prefisso, quindi un campo lungo è indispensabile. Pensiamo poi al moltiplicarsi dei telefoni cellulari: il mercato è quasi saturo e specialmente nel nostro Paese se ne contano milioni e milioni.

Nessuno dubita dell'utilità di un campo lungo, ma perché usare il tipo CHAR e non il tipo NUMBER? Uno dei motivi è che il numero 0 (zero) in un campo numerico di solito non viene preso in considerazione come cifra significativa, mentre se il campo è una stringa di caratteri, questo problema non sussiste e lo zero viene regolarmente memorizzato e visualizzato. Se poi a priori scegliamo NUMBER e non CHAR non potremmo mai inserire la barra o lo spazio o il trattino per separare il prefisso dal numero vero e proprio. Comunque, per evitare che l'utente inserisca anche lettere o altri simboli non significativi, si può sempre incorporare un controllo all'interno della procedura o del database direttamente.

I constraint associati alle chiavi

Supponiamo di voler associare un constraint di chiave primaria ad una o più colonne. Questo è possibile anche in seguito alla creazione della tabella stessa, ma naturalmente implica un'alterazione della sua struttura. Vediamo la sintassi relativa a questa problematica.

```
ALTER TABLE nome_tabella
ADD CONSTRAINT nome_constraint
PRIMARY KEY (nome_campo);
```

In riferimento ad un esempio pratico, supponiamo di volere aggiungere il constraint di chiave primaria sulla tabella *studenti*, definendo come chiave il campo *matricola*:

```
ALTER TABLE studenti
ADD CONSTRAINT c_matricola
PRIMARY KEY (matricola);
```

Se si impartisce un'operazione del genere in un sistema MySQL tramite, ad esempio, PHPMyAdmin, l'istruzione SQL generata dovrebbe essere la seguente:

```
ALTER TABLE 'studenti'
DROP PRIMARY KEY ,
ADD PRIMARY KEY ( 'matricola' );
```

Ovviamente l'istruzione DROP è necessaria se la chiave esiste già: consente di eliminarla per poi ricrearla con l'istruzione ADD.

Per compiere la stessa operazione, ma volendo definire la chiave primaria su più campi, è necessario specificarli tutti all'interno delle parentesi tonde, nell'ordine di costituzione della chiave, come segue:

```
ALTER TABLE nome_tabella
ADD CONSTRAINT nome_constraint
PRIMARY KEY (nome_campo1, nome_campo2, ..., nome_campoN);
```

Facciamo dunque un nuovo esempio pratico. Si vuole avere una chiave primaria sulla tabella *prestiti*, che storicizza la situazioni dei prestiti che hanno attivato i dipendenti di varie aziende nel tempo.

In questo caso, visto che ogni dipendente può attivare più prestiti nel mese e che ogni singolo prestito può influenzare più voci stipendiali e date di decorrenza per l'inizio del pagamento, è necessario definire una chiave primaria su più campi. In particolare si attiverà un constraint sulla sequenza: *codice_azienda* (codice dell'azienda), *matricola_dip* (matricola del dipendente), *codice_voce* (codice della voce stipendiale), *data_dec* (data di decorrenza del pagamento):

```
ALTER TABLE prestiti
ADD CONSTRAINT chiave_complessa
PRIMARY KEY (codice_azienda, matricola_dip, codice_voce,
data_dec);
```

Abbiamo chiamato il constraint *chiave_complessa* solo perché la chiave è costituita da più campi: come nome se ne può scegliere anche un altro che non sia già stato utilizzato.

Anche NULL e NOT NULL sono constraint che possono essere definiti al momento della creazione della tabella o aggiunti in seguito con l'istruzione ALTER TABLE. Per definire un constraint di NOT NULL su una colonna, si usa la sintassi:

```
ALTER TABLE nome_tabella
MODIFY (nome_colonna tipo NOT NULL);
```

Operazioni analoghe si possono operare in riferimento alle chiavi candidate attraverso la parola UNIQUE, mentre per le chiavi esterne si possono utilizzare FOREIGN KEY o REFERENCES.

Per visualizzare tutti i constraint definiti sul database, possiamo dapprima avvalerci del comando:

```
DESC user_constraints;
```

DB information_schema

table_constraints

per vedere la struttura della tabella associata ai constraint degli utenti. Poi, per vedere sul database corrente quali sono in dettaglio i constraint, possiamo digitare:

```
SELECT *
FROM user_constraints;
```

Abilitare i constraint

Una volta definito un constraint su una tabella, è possibile abilitarlo con la clausola ENABLE di ALTER TABLE:

```
ALTER TABLE nome_tabella
ENABLE
CONSTRAINT nome_constraint;
```

Disabilitare i constraint

Per disabilitare un constraint, sempre che sia stato precedentemente definito, basta digitare:

```
ALTER TABLE nome_tabella
DISABLE
CONSTRAINT nome_constraint;
```

Eliminare i constraint

Per eliminare un constraint da una tabella si può digitare:

```
ALTER TABLE nome_tabella
DROP
CONSTRAINT nome_constraint;
```

Esercizi

1) Si modifichi la struttura della tabella *studenti* mettendo come tipo di campo, per il nome e il cognome, il tipo VARCHAR o VARCHAR2 (in ambiente Oracle). Si riprovino le query proposte sull'operatore LIKE.

2) Anziché modificare la struttura della tabella *studenti*, la si elimini e la si ricrei mettendo per i campi *nome* e *cognome* il tipo VARCHAR o VARCHAR2. Si inseriscano dei dati di prova e si riprovino le query proposte per la sezione sull'operatore LIKE. Cosa succede adesso?

Capitolo 7 – La sicurezza nei database

Per sicurezza nell'ambito dei database s'intende la possibilità di differenziare l'accesso agli oggetti del database e il tipo di operazioni da concedere agli utenti. A questo riguardo abbiamo visto che è opportuno differenziare il tipo di accesso in base a ciò che gli utenti hanno davvero bisogno sugli oggetti in questione, in modo da evitare che possano leggere e/o modificare dati e strutture che non sono di propria competenza.

A partire da SQL-99 è possibile autorizzare **utenti** e **ruoli** per consentire l'accesso a oggetti di database. La sicurezza dei dati prevede diversi tipi di implementazione a seconda del RDBMS che si sta utilizzando. Gli esempi che seguono fanno riferimento in particolare ai DBMS Oracle che, a differenza di altri ambienti, supportano SQL-99 in modo abbastanza completo.

Gestione degli utenti

Per utenti qui intendiamo coloro che possono accedere al database per intero o solo in parte. Essenzialmente gli *utenti* possono essere 'creati', 'eliminati' e 'gestiti' per modificare i loro 'privilegi'.

Creare nuovi utenti

Per creare nuovi utenti che possano accedere al database si può usare l'istruzione:

```
CREATE USER nome_utente
IDENTIFIED BY password;
```

Questo implica il fatto che l'utente che desidera collegarsi al database deve inserire ogni volta una password. Con quest'altra istruzione, invece:

```
CREATE USER nome_utente
IDENTIFIED BY externally;
```

Oracle lascia la gestione della password al sistema operativo installato su quella macchina; perciò, chi riesce a collegarsi alla macchina si può collegare senza altri controlli anche al database.

Per esempio, per creare un utente *Manuel* con la password *cometa*, si può digitare:

```
CREATE USER Manuel
IDENTIFIED BY cometa;
```

e il sistema risponderà:

```
User created.
```

Ecco un altro esempio che si può provare in un sistema MySQL:

```
CREATE USER EX_USER IDENTIFIED BY 'EX_PW';
```

Il sistema consigliabile è sempre quello di far gestire agli utenti una propria password da non dire ad altri. Inoltre, se l'utente dovesse uscire momentaneamente dal suo ufficio, è consigliabile che esca dalla sessione di accesso al database o che blocchi direttamente il proprio computer.

Le vecchie versioni di Windows consentono agevolmente questo tramite la password dello screensaver (salva-schermo). Da Windows NT in poi il sistema operativo fornisce un metodo di protezione dalle intrusioni di livello superiore, attraverso il comando *Blocca Workstation* richiamabile con la pressione dei tasti < CTRL > + < ALT > + < CANC >.

A questo punto bisogna scegliere *Blocca Workstation*, premendo il pulsante dedicato.

Cambiare la password ad un utente

Per cambiare la password ad un utente si utilizza l'istruzione:

```
ALTER USER nome_utente
IDENTIFIED BY nuova_password;
```

Per esempio, per dare ora all'utente *Manuel* la password *galassia* possiamo digitare:

```
ALTER USER Manuel
IDENTIFIED BY galassia;
```

L'istruzione ALTER può essere utilizzata anche per compiere altre operazioni, ma i dettagli sono troppo particolari e spesso rivolti all'implementazione del DBMS per cui evitiamo di discuterli in questo testo.

Eliminare un utente

L'eliminazione di un utente è consentita attraverso l'istruzione DROP USER, come segue:

```
DROP USER nome_utente;
```

Se in successione all'istruzione sopra riportata si digita anche la parola chiave CASCADE, si ha l'effetto di eliminare, oltre all'utente, anche tutti gli oggetti che gli appartengono. Questa opzione è quasi sempre indispensabile per eliminare davvero l'utente; infatti, se i suoi oggetti non sono stati cancellati esso continuerà ad esistere. L'altro sistema dovrebbe essere quello di eliminare prima tutti gli oggetti di sua proprietà e poi operare la DROP USER, ma questo metodo potrebbe risultare troppo lungo e dispersivo.

Gestione dei ruoli

Un ruolo consiste in pratica in uno o più privilegi che possono essere dati ad un utente per permettergli di compiere determinate azioni sul database. I DBMS Oracle mettono a disposizione essenzialmente tre ruoli:

- CONNECT
- RESOURCE
- DBA

Stabilire i ruoli

Per concedere uno di questi ruoli ad un utente basta digitare:

```
GRANT tipo_ruolo TO nome_utente;
```

Ad esempio, per dare il ruolo RESOURCE all'utente Gianluca, basterà impartire il comando:

```
GRANT RESOURCE TO Gianluca;
```

Queste sono alcune cose da ricordare sui ruoli:

1. Il ruolo CONNECT è quello con meno 'potere'. Permette all'utente che lo possiede di accedere al database per immettere dati, aggiornare ed eliminare i record che appartengono a lui o ad altri utenti, previa autorizzazione. Questo genere di utente può anche creare tabelle, viste, sequenze, cluster e sinonimi.

2. Il ruolo RESOURCE dà maggior potere all'utente, infatti oltre a tutti i privilegi tipici del ruolo CONNECT, consente anche la creazione di trigger, procedure e indici.

3. Il ruolo DBA è quello con il potere maggiore, dal momento che include tutti i privilegi.

Eliminare i ruoli

Per eliminare un ruolo si può utilizzare l'istruzione DROP USER, come segue:

```
DROP ROLE nome_ruolo;
```

In questo modo tutti gli utenti che avevano questo tipo di ruolo, non possono più farne uso.

Per togliere un particolare ruolo ad un utente si usa l'istruzione REVOKE, che appropriatamente significa 'revocare'. Questa è la sintassi:

```
REVOKE tipo_ruolo FROM nome_utente;
```

Quindi, per togliere a Gianluca il privilegio di RESOURCE basterà impartire il comando:

```
REVOKE RESOURCE FROM Gianluca;
```

Gestione dei privilegi

Una volta che sono stati definiti gli utenti e i loro ruoli, è possibile definire anche i loro privilegi, ovvero il tipo di operazioni che potranno compiere sul database.

Concedere i privilegi

La concessione dei privilegi si opera tramite l'istruzione GRANT, come segue:

```
GRANT tipo_privilegio TO nome_utente;
```

```
GRANT tipo_privilegio TO tipo_ruolo;
```

o, se si vuol rendere disponibile tale privilegio a tutti,

```
GRANT tipo_privilegio TO PUBLIC;
```

Se si desidera inoltre concedere a quel particolare utente che anche lui possa concedere il privilegio in questione ad altri, basterà far seguire al comando sopra riportato l'opzione WITH ADMIM OPTION. Ecco la sintassi estesa:

```
GRANT tipo_privilegio TO nome_utente
WITH ADMIN OPTION;
```

Se si desidera invece concedere a quel particolare utente che possa a sua volta concedere i propri privilegi a livello di struttura ad altri, basterà far seguire al comando sopra riportato l'opzione WITH GRANT OPTION. Ecco la sintassi estesa:

```
GRANT tipo_privilegio TO nome_utente
WITH GRANT OPTION;
```

Togliere i privilegi

La revoca di privilegi si opera tramite l'istruzione REVOKE, come segue:

```
REVOKE tipo_privilegio FROM nome_utente;
```

oppure:

```
REVOKE tipo_privilegio FROM tipo_ruolo;
```

Se si volessero revocare a tutti i normali utenti tale privilegio, si dovrebbe utilizzare il comando:

```
REVOKE tipo_privilegio FROM PUBLIC;
```

Alcuni esempi

Facciamo un esempio pratico. Vogliamo concedere a tutti i normali utenti il privilegio di creare indici. Digiteremo allora:

```
GRANT CREATE INDEX TO PUBLIC;
```

Concediamo adesso all'utente Manuel il privilegio di modificare i dati della tabella *studenti*:

```
GRANT UPDATE ON studenti TO Manuel;
```

Naturalmente potremmo fare molti altri esempi, ma lo scopo principale del testo è dare un'idea generale delle possibilità offerte dai DBMS moderni per la gestione della sicurezza.

È anche utile sapere che un utente può ricevere privilegi in relazione ad archivi che non sono di sua proprietà. Se c'è confusione nel riferimento ad una struttura è bene specificare l'utente che ne è in possesso, facendo precedere al nome della struttura il nome dell'utente stesso e il punto:

nome_utente.nome_struttura

ad esempio:

Manuel.studenti

Ovviamente chi ha il potere di concedere privilegi e ruoli, di solito il DBA o chi per lui, dovrebbe usarlo con parsimonia e moderazione.

Altri aspetti relativi alla sicurezza che possono meritare un approfondimento, sono i problemi relativi alle SQL injection e all'accesso ai DB via rete.

Test di verifica delle conoscenze

Il test comprende nozioni di base sui DBMS e sul linguaggio SQL.

Salvo dove diversamente specificato, nelle risposte a scelta multipla la risposta giusta è una sola.

1	(Segnare le risposte corrette) SQL è un linguaggio di tipo:
	[ ] procedurale [ ] non procedurale [ ] di terza generazione [ ] di quarta generazione [ ] di quinta generazione
2	Le tabelle sono strutture dati costituite da: O righe e colonne O una riga e tre colonne O una colonna e più righe O una sola riga e molte colonne O più righe e almeno tre colonne
3	SQL viene supportato: O solo da ambienti commerciali e proprietari O sia da ambienti commerciali che Open Source O solo da ambienti Open Source O solo da Microsoft O solo da Oracle e IBM
4	SQL si basa sulle teorie... O del modello reticolare O del modello relazionale O del modello gerarchico O del modello dei linguaggi O dei linguaggi di programmazione
5	MySQL e PostgreSQL sono: O versioni di SQL99 O versioni di SQL O DBMS commerciali O DBMS del mondo Open Source O DBMS per ambienti Windows

6	SQL è un linguaggio che:
	O non ha seguito alcun iter di standardizzazione
	O ha seguito un iter di standardizzazione in passato
	O ha seguito e continua a seguire iter di standardizzazione
	O non seguirà iter di standardizzazione
	O è disponibile in una sola versione standard
7	In SQL le istruzioni di tipo **DDL** servono a:
	O definire istruzioni e contenuti
	O modificare dati e istruzioni
	O modificare i dati
	O definire le strutture dati
	O controllare le transazioni
8	In un DB relazionale i tipi di dati possono riguardare:
	O numeri, stringhe di caratteri e orari (ma non date)
	O solo numeri e stringhe di caratteri
	O solo numeri e date
	O numeri, stringhe di caratteri e periodi di tempo (comprese date)
	O numeri, singoli caratteri e periodi di tempo (comprese date)
9	Le istruzioni di tipo **TCL:**
	O servono a controllare le transazioni
	O servono a trasmettere le istruzioni di query
	O appartengono alla versione SQL92
	O servono a controllare a struttura delle tabelle
	O sono disponibili con i sistemi Oracle
10	Le istruzioni **DML:**
	O appartengono alla versione SQL99
	O servono a manipolare la struttura delle tabelle
	O servono a manipolare i dati
	O sono parte integrante degli ambienti Microsoft
	O appartengono ai linguaggi di quarta generazione
11	L'istruzione per creare una tabella inizia con:
	O TABLE CREATION nome_tabella …
	O CREATION nome_tabella …
	O TABLE nome_tabella …
	O CREATE nome_tabella …
	O CREATE TABLE nome_tabella …
12	L'istruzione per inserire dati in una tabella inizia con:
	O INSERT nome_tabella …
	O INSERT lista_valori INTO nome_tabella …
	O INSERT INTO nome_tabella …
	O INPUT INTO nome_tabella …
	O INPUT lista_valori INTO nome_tabella …

13	A volte vengono definiti dei vincoli sulle tabelle per: O restringere i valori ammissibili per una colonna o un gruppo di colonne O limitare le dimensioni delle tabelle O delimitare la dimensione dei campi delle tabelle O restringere i valori di un record O delimitare il numero delle viste
14	Per visualizzare la struttura di una tabella si può utilizzare: O l'istruzione DISPLAY O l'istruzione DESC o DESCRIBE O l'istruzione VIEW O l'istruzione SHOWS O l'istruzione SELECT
15	Per avere un campo in una tabella che faccia riferimento ad un campo in un'altra tabella si dovrebbe usare: O due chiavi primarie alternate O una chiave primaria O una chiave esterna O una chiave primaria sulla seconda tabella O una chiave composta

16	L'istruzione **DESC studenti** fornisce la costituzione strutturale della tabella studenti:
	
	<pre>Name Null? Type
	------------------------------- -------- ----
	MATRICOLA NUMBER(6)
	COGNOME CHAR(20)
	NOME CHAR(20)
	CITTA CHAR(20)
	PROVINCIA CHAR(2)
	ANNO_NASCITA NUMBER(4)
	SESSO CHAR(1)
	SCUOLA CHAR(25)</pre>
	Si desidera estrarre tutti i campi dalla tabella studenti, ordinati prima per cognome e poi per nome. Quale delle seguenti SELECT è corretta?
	
	O SELECT nome, cognome FROM studenti;
	O SELECT nome, cognome FROM studenti ORDER BY cognome, nome;
	O SELECT * FROM studenti ORDER BY cognome, nome;
	O SELECT * FROM studenti;
	O SELECT * FROM studenti ORDER BY cognome;

17	Cosa significa che un campo è stato definito NOT NULL? O Che di solito contiene qualcosa O Che può contenere solo spazi O Che non può contenere zeri O Che non può assumere valori nulli O Che non può contenere zeri o spazi

18	Quali delle seguenti parole sono clausole dell'istruzione SELECT? O IN, OUT, GO ON O IN, AND, OR, NOT O WHERE, GROUP BY, ORDER BY O BETWEEN, IN, ORDER, STARTING O BETWEEN, IN, ORDER, WITH
19	(Segnare le risposte corrette) Una query all'interno di un'altra query si chiama: [ ] popquery [ ] subquery [ ] sotto query [ ] inquery [ ] intquery
20	Cosa restituisce come risultato la seguente query? SELECT matricola FROM anagrafica WHERE cognome LIKE 'Ro%'; O Tutti i campi della tabella **anagrafica** O Il campo matricola di tutti i record O Il campo matricola per coloro il cui cognome inizia con 'Ro' O Il campo matricola per coloro il cui cognome termina con 'Ro' O Il campo matricola per coloro il cui cognome include la stringa 'Ro'
21	(Segnare le risposte corrette) Il **dizionario dati** [ ] È un particolare DB per memorizzare dati sulla lingua [ ] È una collezione di tabelle speciali che contengono informazioni sul DB [ ] Viene gestito in automatico dal DBMS, ma è accessibile anche al DBA [ ] Viene modificato direttamente dagli utenti
22	Una **vista** viene chiamata anche: O query derivata o tabella persistente O query logica o tabella consistente O query persistente o tabella consistente O query persistente o tabella derivata O query logica o tabella derivata
23	Le funzioni di gruppo permettono di operare su gruppi di dati O eterogenei O omogenei O univoci
24	La struttura di una vista si può visualizzare tramite l'istruzione: O DISPLAY O DESCRIBE O VIEW O SELECT O SHOW

25	Una **vista** esistente: O non si può ricreare O deve essere eliminata dopo averla utilizzata O si può eliminare e quindi ricreare O si può ricreare dopo averla svuotata O non si può eliminare
26	L'istruzione ALTER permette di modificare: O la struttura delle query O i sinonimi O il contenuto delle viste O il contenuto delle tabelle O la struttura delle tabelle
27	Per abilitare e disabilitare i constraint si utilizza l'istruzione: O DELETE O UPDATE O ALTER O COMMIT O MODIFY
28	Per modificare il contenuto delle tabelle si può utilizzare l'istruzione: O MODIFY O UPDATE O DROP O DELETE O ALTER
29	Per annullare gli effetti di una transazione si utilizza l'istruzione: O ROLLBACK O COMMIT O ALTER O ENABLE O DISABLE
30	Per confermare gli effetti di una transazione si utilizza l'istruzione: O ROLLBACK O ALTER O COMMIT O ENABLE O DISABLE
31	Le funzioni di gruppo vengono chiamate anche O funzioni agglomerate O funzioni congiunte O funzioni disaggregate O funzioni aggregate

32	(Segnare le risposte corrette) L'architettura **Client/server**, nel contesto dei DB, prevede: [ ] Un lato client e uno server dell'applicazione [ ] Un unico programma sul client [ ] La centralizzazione dei dati su uno (o pochi server) [ ] Un unico programma sul server [ ] I dati distribuiti su i clien
33	Quale di queste frasi è vera? O Lo sviluppatore (analista) deve scegliere se partizionare i dati a livello di sistema o di applicazione O Il DBA scegliere se partizionare i dati a livello di sistema o di applicazione O Il sistemista svolge sempre anche il lavoro del DBA O Il sistemista di solito svolge anche il lavoro del programmatore
34	(Segnare le risposte corrette) La **struttura** delle tabelle (a prescindere dal contenuto) può essere descritta tramite [ ] la forma intensionale [ ] la forma estensionale [ ] schema ER [ ] direttamente con l'istruzione CREATE TABLE ... [ ] tramite l'istruzione SELECT * from nometabella;
35	(Segnare le frasi corrette) **La normalizzazione** è [ ] una tecnica di progettazione del database che permette di diminuire il numero delle tabelle [ ] una tecnica di progettazione del database che suggerisce criteri di efficienza nel disegno della struttura delle tabelle [ ] ha lo scopo di eliminare la ridondanza dei dati [ ] ha lo scopo di duplicare i dati per una maggiore sicurezza [ ] ha lo scopo di rendere più nitido il collegamento tra i dati attraverso l'uso delle chiavi [ ] ha lo scopo di rendere più complesso il collegamento tra i dati attraverso l'uso delle chiavi

Appendice A - Strumenti per lavorare in SQL

Per impartire comandi SQL al sistema di gestione del database installato sulle nostre macchine abbiamo bisogno di apposite interfacce. Ogni ambiente prevede un sistema dedicato per accedere al RDBMS, ad esempio per via grafica o in modalità testo. Non potendo descrivere dettagliatamente i molti ambienti che il mercato mette a disposizione, ne sono stati scelti alcuni tra quelli più diffusi: il SQL*Plus di Oracle, il Query Analyzer di Microsoft SQL Server e gli ambienti forniti con dBASE e Microsoft Access.

Utilizzo di SQL con Oracle SQL*Plus

SQL*Plus è uno strumento fornito con i sistemi Oracle che gira sui client che possono accedere a database attraverso un collegamento di rete (SQL*Net e relativi protocolli). SQL*Plus lavora con il kernel di Oracle e permette l'accesso al database previa identificazione con nome utente e password. Dopo aver inserito queste due stringhe di caratteri, è necessario indicare a quale database si vuole accedere, attraverso una **hoststring**. In base a tali dati si possono avere a disposizione più o meno possibilità di accesso, modifica, ecc.

Figura A.1: L'icona associata a SQL*Plus

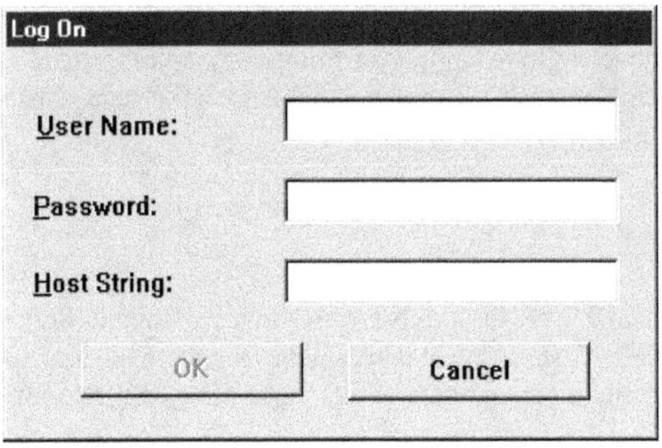

Log On	
User Name:	
Password:	
Host String:	
OK	Cancel

Figura A.2: La finestra con richiesta di password di SQL*Plus

In SQL*Plus i comandi possono essere digitati indifferentemente in maiuscolo o in minuscolo.

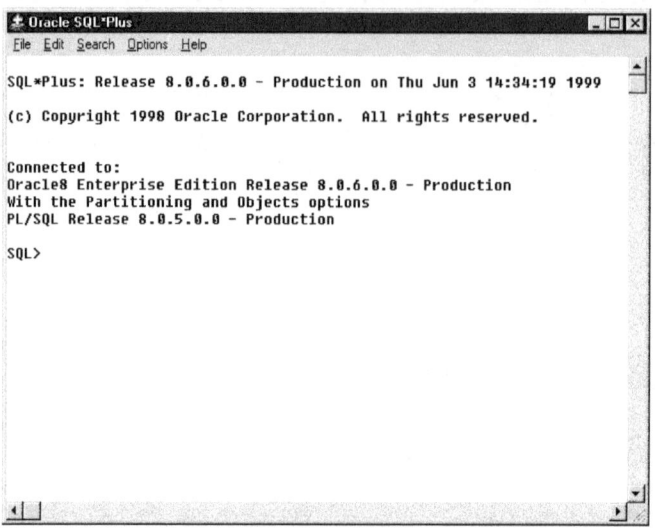

Figura A.3: Il prompt di SQL*Plus

Mandare in esecuzione SQL*Plus

SQL*Plus viene fornito con i vari ambienti supportati da Oracle e quindi le implementazioni possono variare leggermente da sistema operativo ad altro. In genere comunque può essere mandato in esecuzione dal prompt dei comandi. Nella maggior parte delle versioni UNIX si deve digitare sqlplus in minuscolo e confermare con il tasto < Invio > (UNIX è un sistema operativo la cui shell dei comandi è case-sensitive):

```
sqlplus
```

In ambienti grafici come Windows 95, 98, 2000 e NT esiste una versione di SQL*Plus che gira in una finestra grafica. Questa interfaccia viene mandata in esecuzione attraverso l'icona associata o tramite il collegamento dalla barra delle applicazioni.

Negli ambienti Windows di Microsoft è comunque possibile lanciare SQL*Plus anche da una finestra DOS o finestra 'prompt dei comandi' (nel caso delle più recenti versioni di Windows, la finestra del prompt dei comandi è un ambiente simile DOS). Per lanciare SQL*Plu dal prompt si utilizza il comando:

```
sqlplus
```

Anche in questo caso ovviamente si deve premere poi il tasto < Invio >; si ricorda che nel mondo DOS/Windows i comandi possono essere digitati indifferentemente in maiuscolo e in minuscolo. Verrà chiesto il nome utente e la password e quindi apparirà quindi una finestra all'interno di Windows dove sarà possibile digitare i comandi SQL.

Se si ha a disposizione una versione diversa di SQL*Plus e non se conosce il nome associato, conviene consultare la manualistica in dotazione o cercare, attraverso la funzione *Trova* della barra delle applicazioni, il nome esatto del file che comincia con *plus* (ricerca su *plus**), oppure, da DOS, si può utilizzare il comando:

```
DIR unità:\plus* /s
```

ad esempio:

```
DIR C:\plus* /S
```

che cerca anche nelle sottodirectory. Ovviamente dobbiamo essere sicuri che sul nostro computer sia stato installato il programma SQL*Plus.

Alcuni, per essere certi di una perfetta compatibilità, installano sia la versione che utilizza driver a 16 bit che quella che utilizza driver a 32 bit. Si tratta comunque di una scelta che può essere presa in accordo con l'amministratore del database.

Dobbiamo inserire il nome dell'utente e la password associata. Possiamo comunque digitare tutto in una sola riga :

```
plus80 nome_utente/password
```

Per non visualizzare la versione di SQL*Plus si può digitare:

```
plus80 -s nome_utente/password
```

Nel caso ci si dovesse collegare ad un database remoto si dovrebbe digitare:

```
plus80 nome_utente/password@nome_connessione
```

Per eseguire un file script o un blocco PL/SQL si può digitare:

```
plus80 nome_utente/password@nome_connessione
@percorso\nome_file
```

oppure

```
plus80 nome_utente/password @percorso\nome_file
```

Visualizzare l'ultimo comando inserito

Per visualizzare le ultime linee inserite è sufficiente digitare la lettera L seguita da < Invio >:

```
L
```

Per visualizzare invece una linea specifica, si digiti:

```
LIST n
```

oppure

```
L n
```

dove n è il numero della linea in questione.

Per visualizzare invece dalla linea n1 alla linea n2, basta digitare:

```
LIST n1 n2
```

mentre il comando

```
LIST LAST
```

non è un gioco di parole, ma serve a mostrare solo l'ultima linea.

Eseguire un comando rimasto in memoria

L'ultimo comando impartito dal prompt di SQL*Plus può essere mandato in esecuzione senza doverlo digitare nuovamente. Per fare ciò è sufficiente digitare la barra < o slash (/) > seguita da < Invio >:

```
/
```

Inserire testo dopo l'ultimo comando

Per inserire del testo dopo l'ultimo digitazione, si utilizza il seguente comando:

```
INPUT nuovo_testo
```

oppure

```
I nuovo_testo
```

Editing di linee di comando

Per appendere testo alla fine della linea corrente si usa il comando:

```
APPEND nuovo_testo
```

oppure, più velocemente

```
A nuovo_testo
```

Per cambiare parte di testo in altro testo nella linea corrente si può digitare:

```
CHANGE/vecchio_testo/nuovo_testo
```

oppure, con un metodo più veloce:

```
C/vecchio_testo/nuovo_testo
```

Cancellazione di righe

Per pulire il buffer (cancellando tutte le linee), si digiti:

```
CLEAR BUFFER
```

oppure, in modo più rapido:

```
CL BUFF
```

Può essere anche cancellata una specifica linea di testo semplicemente digitando:

```
DEL n
```

dove n è il numero della linea che si intende cancellare. Le linee sottostanti vengono automaticamente 'tirate su'.

Per cancellare solo la linea corrente, digitare:

```
DEL
```

oppure

```
DEL *
```

Per cancellare tutte le linee a partire dalla linea n, basta digitare:

```
DEL n-
```

Per cancellare dalla linea n1 alla linea n2, si digiti:

```
DEL n1 n2
```

Per cancellare invece solo l'ultima linea, si può digitare:

```
DEL LAST
```

Conferma automatica delle transazioni

Normalmente dopo ogni transazione è necessario digitare il comando COMMIT per confermare le modifiche. Per evitare invece di dover digitare COMMIT ogni volta, si deve impartire la direttiva:

```
AUTOCOMMIT ON
```

Per disabilitare questa possibilità, si deve digitare:

```
AUTOCOMMIT OFF
```

Salvare il buffer su file

Per registrare i dati contenuti nel buffer (tutte le linee presenti in memoria) basta digitare:

```
SAVE nome_file
```

Caricare file nel buffer

Per caricare file nel buffer si usa il comando:

```
GET nome_file
```

Esecuzione di programmi e script

Per mandare in esecuzione un blocco PL/SQL, o uno script SQL, è sufficiente digitare il comando:

```
START unità:percorso\nome_file;
```

oppure

```
STA nome_file
```

oppure

```
@unità:percorso\nome_file;
```

Ad esempio:

```
@d:\script_SQL\prova
```

manda in esecuzione lo script SQL chiamato 'prova' che si trova nella directory *script_SQL* dell'unità 'd:'. Se il file ha estensione '.sql' non c'è bisogno di digitare anche l'estensione. Inoltre, se il file si trova nella directory corrente non importa specificare il percorso, ma semplicemente il nome del file contenente lo script o il blocco PL/SQL.

Un altro metodo è quello di lanciare uno script attraverso il comando RUN:

```
RUN nome_file
```

In questo modo, oltre ad essere mandato in esecuzione lo script, vengono anche visualizzate le istruzioni ivi contenute.

Una strategia interessante utilizzata da molti programmatori SQL è quella di utilizzare SQL per generale script di codice. Questa tecnica è molto utile per evitare ad esempio di ricorrere ad altri strumenti per inserire dati o per evitare di digitare lunghe liste di istruzioni molto simili.

Redirezione dei dati selezionati

Normalmente i dati selezionati appaiono a video, ma è possibile inviarli anche ad un file o direttamente alla stampante. Di solito i dati inviati ad un file possono essere editati o modificati anche in seguito o possono essere importati in altri programmi come quelli di elaborazione testi o fogli elettronici. Microsoft Excel, per esempio, consente il caricamento automatico di file non in formato proprietario di Excel, ma anche in formato ASCII standard a larghezza fissa, o dati delimitati da caratteri di separazione. In effetti il formato standard che tutti i gestori di database riescono a leggere è proprio l'ASCII, sempre che sia opportunamente gestito.

I risultati delle query è ciò che i tecnici in gergo chiamano 'estrazioni statistiche', 'estrazioni' o semplicemente 'statistiche'.

Attivare lo spooling su file

Quando si eseguono le query è implicita l'operazione spooling a video. Per operare invece uno spooling su file si può digitare l'istruzione:

```
SPOOL nome_file.estensione
```

I dati vengono quindi inviati al file indicato, oltre che a video.

Se non si specifica l'estensione SQL*Plus darà automaticamente l'estensione. LST.

Attivare lo spooling verso la stampante

Per inviare dati di spool alla stampante impostata come stampante di default, basta digitare:

```
SPOOL PRINTER
```

Disabilitare lo spooling

Specificando, subito dopo la parola SPOOL, la parola chiave OFF, si ha l'effetto di disabilitare lo spooling. Da ricordare il fatto che finché non si disabilita lo spooling con questa istruzione non è possibile operare sul file, visto che questo è aperto per ricevere i dati. Ecco di seguito la semplice sintassi:

```
SPOOL OFF
```

Comandi per predisporre l'ambiente di SQL*Plus

SQL*Plus prevede anche dei comandi propri per le impostazioni dell'ambiente. Ad esempio è possibile stabilire quanto deve essere lunga la linea di testo proposta in visualizzazione, o la pagina prima di una rottura affinché venga riproposta l'intestazione della query. Per visualizzare le impostazioni correnti si può utilizzare il comando:

```
SHOW ALL
```

Ecco il risultato delle impostazioni comuni di una sessione di lavoro di SQL*Plus:

```
feedback ON for 6 or more rows
heading ON
linesize 100
numwidth 9
spool ON
user is "NOME"
space 1
worksize DEFAULT
lines will be wrapped
pagesize 24
showmode OFF
pause is OFF
ttitle OFF and is the 1st few characters of the next SELECT
statement
btitle OFF and is the 1st few characters of the next SELECT
statement
define "&" (hex 26)
escape OFF
concat "." (hex 2e)
sqlprompt "SQL> "
underline "-" (hex 2d)
null ""
verify ON
message ON
sqlcode 0
tab ON
scan ON
dclsep OFF
termout ON
echo OFF
sqlcase MIXED
headsep "|" (hex 7c)
maxdata 32767
time OFF
cmdsep OFF
xisql OFF
sqlterminator ";" (hex 3b)
sqlprefix "#" (hex 23)
```

```
release 15629
sqlnumber ON
autocommit OFF
newpage 1
long 80
document ON
trimout ON
timing OFF
qbidebug OFF
numformat ""
synonym OFF
suffix "SQL"
flush ON
sqlcontinue "> "
pno 0
lno 24
buffer SQL
embedded OFF
arraysize 15
crt ""
copycommit 0
compatibility version NATIVE
recsep WRAP
recsepchar " " (hex 20)
blockterminator "." (hex 2e)
copytypecheck is ON
closecursor OFF
longchunksize 80
serveroutput OFF
flagger OFF
```

SHOW può essere utilizzato anche per vedere il contenuto di una particolare variabile d'ambiente, ad esempio il nome dell'utente collegato con la nostra sessione. Basterà digitare:

```
SHOW USER
```

ottenendo:

```
USER IS "NOME"
```

Editare un file

È possibile editare un file, richiamando l'editor di testi predefinito, con il comando:

```
EDIT nome_file
```

Il comando che invece consente alcune impostazioni è SET.

Per impostare la dimensione della pagina (in numero di linee) si può digitare:

```
SET PAGESIZE n
```

Per impostare invece la lunghezza della linea si deve digitare:

```
SET LINESIZE n
```

Le impostazioni dell'ambiente possono anche essere modificate da un finestra richiamabile con il menu *File* – voce *Environment*. Nel caso si volessero le solite impostazioni ogni volta che si lancia l'ambiente SQL*Plus, si può modificare e risalvare il file *login.sql* presente nella direstory dove risiedono gli eseguibili di SQL*Plus (di solito la sottodirectory *bin*).

Esempio di contenuto del file *login.sql*.

set numwidth 9

set linesize 100

set pagesize 24

Predisporre prospetti

Con SQL*Plus si possono gestire prospetti (o 'report') e il loro formato, attraverso le istruzioni:

- COLUMN
- TTITLE
- BTITLE

COLUMN (FORMAT in versioni precedenti) permette di stabilire il formato di visualizzazione di una colonna (testo e allineamento dell'intestazione della colonna, formato dei dati numerici, ecc.).

TTITLE permette di visualizzare/impostare il titolo di ogni pagina del prospetto.

BTITLE permette di visualizzare/impostare il titolo alla fine di ogni pagina del prospetto in questione.

Per vedere come sono stati impostati i titoli di intestazione e piè di pagina è sufficiente digitarne il nome e premere il tasto < Invio >.

Per approfondire l'argomento si consiglia di consultare la documentazione tecnica in dotazione.

Utilizzo di SQL con Borland dBASE

Attivare la modalità SQL e utilizzare del prompt

Con molte versioni di dBASE si può attivare SQL con la direttiva:

```
SET SQL ON
```

Dovrebbe apparire il prompt SQL ON. Utilizzando i cursori (freccia in alto) è possibile visualizzare e riutilizzare i comandi SQL impartiti precedentemente.

Disattivare la modalità SQL dal prompt di dBASE

Per disattivare SQL si usa la direttiva:

```
SET SQL OFF
```

e il prompt ritornerà nella modalità dBASE.

Predisporre la directory in dBASE

Per predisporre la directory è sufficiente digitare:

```
SET DIRECTORY TO nome_directory;
```

Importanti comandi per la gestione di SQL in dBASE

Tutti i comandi in dBASE di solito devono essere seguiti dal ';' e i comandi devono essere impartiti su una sola riga.

`CREATE DATABASE nome;`	crea una directory di database e imposta una serie di tabelle di catalogo per il nuovo database
`SHOW DATABASE;`	elenca i database disponibili al momento
`START DATABASE nome_database;`	attiva un database, aprendolo
`STOP DATABASE;`	chiude il database attivo al momento
`DROP DATABASE nome_database;`	si utilizza per eliminare il database specificato.
`RUNSTATS;`	aggiorna le statistiche di una tabella catalogo per ottimizzare l'accesso SQL alle tabelle

Richiedere l'help

Da dBASE è possibile richiedere l'help su istruzioni specifiche di SQL attraverso il comando:

```
HELP nome_istruzione
```

Ad esempio, digitando:

```
HELP SELECT
```

L'ambiente ci fornirà informazioni per l'utilizzo dell'istruzione SELECT.

Si può richiamare l'help anche tramite la pressione del tasto < F1 > se si sta scrivendo un'istruzione (ad esempio, se si è già digitato SELECT).

Utilizzo di SQL con Microsoft Access

Anche se Microsoft Access (nel seguito MS Access o semplicemente Access) è da tempo sulla scena mondiale ed è sicuramente il prodotto più diffuso dal lato dei PC per la gestione di database (è incluso nel pacchetto Office), non supporta SQL in modo completo. È anche per questo motivo che gli esempi riportati nei capitoli precedenti fanno riferimento solitamente alla versione SQL-92 o SQL-99 e al contesto di Oracle, che implementa molti aspetti del linguaggio SQL.

MS Access consente di impostare query essenzialmente i due modi:

1. per via grafica
2. per via testuale

Il primo metodo consiste semplicemente nello scegliere, da una rappresentazione grafica delle tabelle, quei dati che intendiamo selezionare, specificando i criteri di scelta. In pratica è Access che a questo punto si preoccupa di impostare le query in SQL per noi.

Il secondo metodo, invece, consiste nel digitare le query classiche all'interno di una finestra dedicata, attraverso la modalità *Visualizza Struttura* della query.

Ci soffermeremo su questo secondo caso. Per richiamare la finestra dove impostare comandi SQL è sufficiente fare clic sulla freccia accanto al pulsante *Visualizza* sulla barra delle applicazioni e scegliere poi il comando *Visualizzazione SQL* (la Figura A.6 mostra i simboli dei pulsanti da premere).

In MS Access 2010 e 2013, per impartire comandi SQL, bisogna fare clic su *Struttura Query* dalla scheda *Crea,* chiudere la finestra che si apre e fare clic su *Definizione dati* dalla scheda *Struttura.* Nella scheda *Query* che si è appena aperta è possibile digitare il codice SQL e poi fare clic su *Esegui* nella scheda *Struttura* per confermare.

Per specificare il tipo di query desiderato si può utilizzare il pulsante *Tipo di query* sulla barra degli strumenti in visualizzazione *Struttura della query.*

Con vecchie versioni di Access era disponibile l'*Autocomposizione Query* di archiviazione. A partire dalla versione Access 95 è invece possibile creare una query di creazione tabella che copia i record esistenti in una nuova tabella.

Con Access viene fornita una guida in linea abbastanza dettagliata e precisa, per cui si consiglia di far riferimento a questa per operazioni particolari e approfondimenti.

Nella Figura A.6 si possono osservare alcune istruzioni sulle query di accodamento.

In ogni caso si deve specificare a quale database si vuol fare riferimento (potrebbe essere il *Database corrente* o *Altro database,* compresi quelli in formati Microsoft

FoxPro, Paradox, dBASE, o altro, attraverso una stringa di connessione ad un database SQL).

Si può anche interrompere una query dopo averla avviata, premendo i tasti < Ctrl > + < Interr >.

A volte può essere utile copiare le query da un editor di testi verso Access o viceversa. La modalità è del tutto analoga a quella usata per altri programmi in ambiente Windows. Per copiare la query da Access basta attivare la finestra relativa alla query, selezionare il testo che interessa e premere poi i tasti < Ctrl > + < C >. Il testo verrà memorizzato automaticamente nella memoria *Appunti* e sarà pronto per essere poi copiato in un editor qualsiasi con la pressione dei tasti < Ctrl > + < V >.

Di solito si può far uso del menu contestuale attivabile con la pressione del tasto destro del mouse (se quello di selezione è il sinistro). Con il menu contestuale si può scegliere di copiare, o tagliare, e poi incollare.

Access supporta alcune istruzioni SQL come:

- `CREATE TABLE`

- `CREATE INDEX`

- `ALTER TABLE`

- `DROP`

Nella creazione di indici si possono usare anche i CONSTRAINT, ma non in altri casi.

Non è consentito porre vincoli come NOT NULL e CHECK.

Comunque con Access si possono gestire INNER JOIN, OUTER JOIN, LEFT OUTER e RIGHT OUTER JOIN. Il JOIN operato per default, come per altri DBMS, è quello di tipo INNER. In ogni caso, quando si utilizza l'istruzione JOIN, non si possono scrivere query di aggregazione e non troviamo il CROSS JOIN.

Access non supporta le viste pertanto le istruzioni CREATE VIEW e DROP VIEW non sono implementate. Non vengono implementati neanche i comandi GRANT e REVOKE.

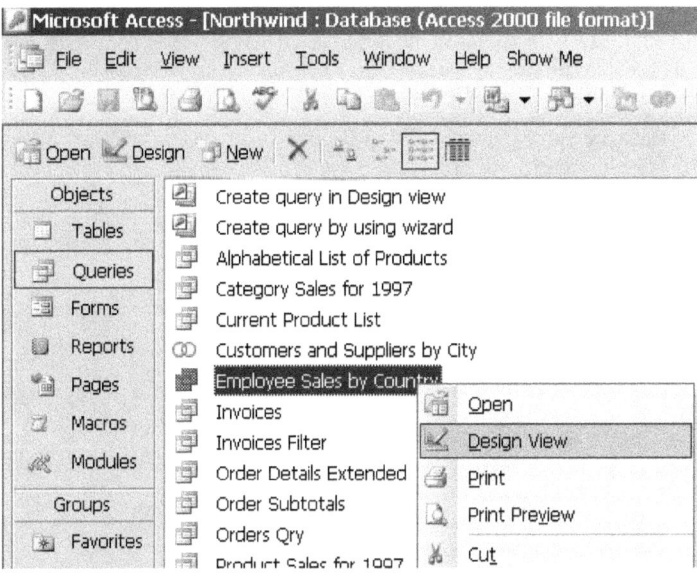

Figura A.4: L'applicativo Microsoft Access

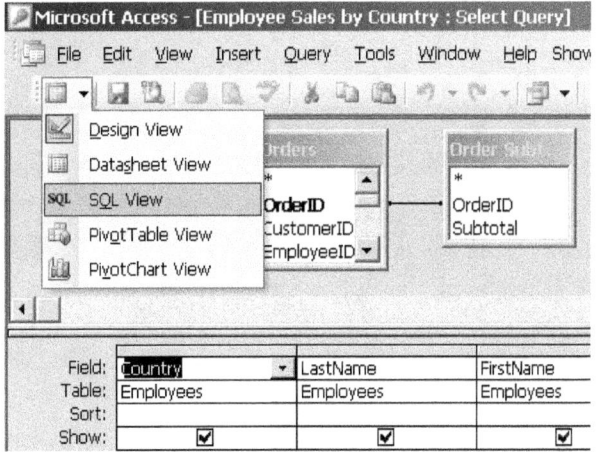

Figura A.5: Microsoft Access: come visualizzare la query SQL

Utilizzo di SQL con Microsoft Query

Microsoft Query (Figura A.6) è un programma che consente di importare dati da origini esterne in altri programmi di Microsoft Office; è disponibile come strumento in alcuni ambienti di sviluppi Microsoft e in alcune versioni di Office. In particolare, con le recenti versioni di Office è possibile richiamare Microsoft Query direttamente dall'applicativo in uso, attraverso la speciale barra *database*.

Tramite Microsoft Query è possibile recuperare i dati da Access di Microsoft Office, da Microsoft SQL Server e Microsoft SQL Server OLAP Services, nonché da elenchi di Excel e da file di testo. Con Microsoft Office vengono messi a disposizione i driver per accedere alle seguenti origini dati:

- Database di file di testo
- Microsoft Office Excel
- Microsoft Office Access
- Microsoft SQL Server Analysis Services
- dBASE
- Microsoft FoxPro
- Oracle
- Paradox

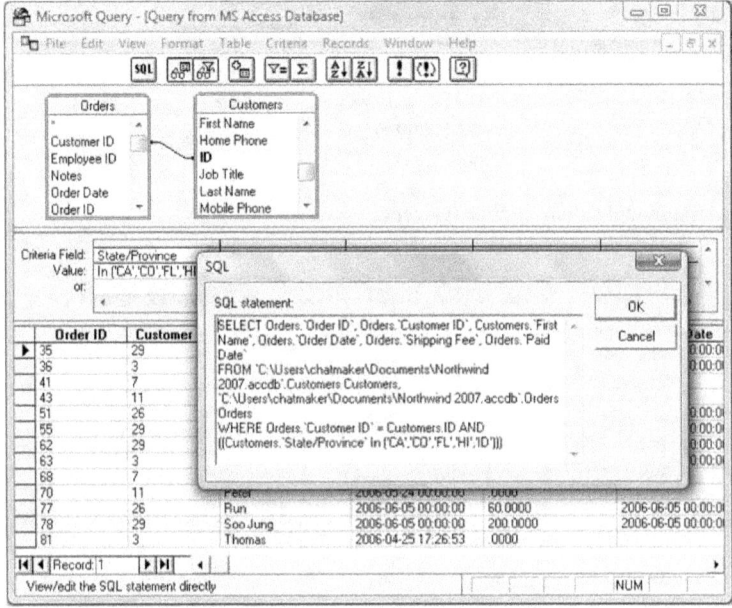

Figura A.6: Microsoft Query: dallo schema alla query SQL

Naturalmente è possibile installare altri driver di origine dati o driver ODBC di terze parti per accedere a dati e database anche di tipo diverso rispetto a quelli elencati sopra.

Con MS Query è possibile estrarre dati da un database creando query dedicate, selezionando solo le colonne di dati desiderate. Per esempio, per importare dati attraverso Query bisogna dapprima *impostare un'origine dati* da collegare al database (si veda la Figura A.7), poi si deve utilizzare la *Creazione guidata Query* per selezionare i dati.

Di solito Query viene utilizzato in combinazione con Excel. Dopo aver compiuto le operazioni sopra riportate, attraverso la funzione di restituzione dei dati a Excel, dall'interno del quale è possibile formattarli, riepilogarli e utilizzarli per la creazione di rapporti.

Facendo clic sull'apposito pulsante (quello con la scritta SQL) è possibile visualizzare la query SQL e modificarla in modo testo all'interno della finestra.

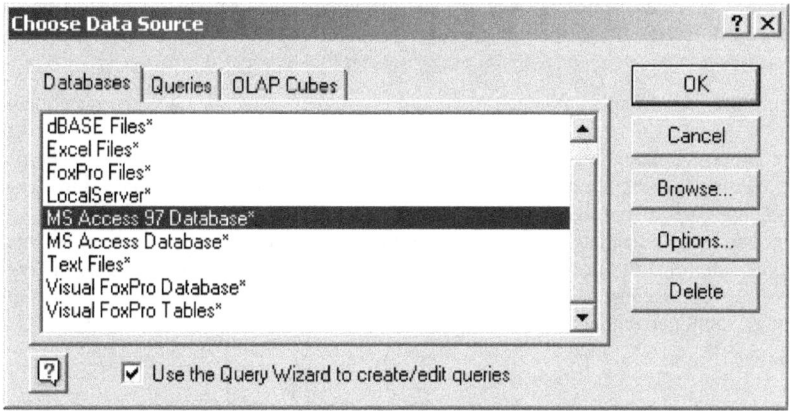

Figura A.7: Microsoft Query, la selezione dell'origine dati

Utilizzo di SQL con il Query Analyzer di Microsoft SQL Server

In Microsoft SQL Server è possibile interagire con il database attraverso lo strumento Query Analyzer. Si tratta di uno strumento fornito con che gira sui client che possono accedere ad database attraverso un collegamento di rete.

Nella finestra apposita si possono digitare le query o altri comandi SQL e vedere il risultato delle operazioni nella finestra. In uno spazio dello schermo viene visualizzato pure il modo in cui il sistema eseguirà le query, e questo può essere utile per scrivere istruzioni che sfruttino al meglio le prestazioni.

Come indica la documentazione Microsoft, tra le altre cose SQL Query Analyzer di SQL Server (a partire dalla versione 2000) consente di:

1. Creare query e altri script SQL nonché di eseguirli per i database SQL Server
2. Creare velocemente gli oggetti di database più utilizzati tramite script predefiniti
3. Copiare velocemente gli oggetti di database esistenti
4. Eseguire stored procedure senza dover conoscere i parametri
5. Eseguire il debug delle stored procedure
6. Eseguire il debug dei problemi relativi alle prestazioni delle query
7. Individuare o visualizzare gli oggetti nei database e lavorarvi
8. Inserire, aggiornare o eliminare velocemente le righe di una tabella
9. Creare scelte rapide da tastiera per le query più frequenti
10. Aggiungere i comandi più frequenti al menu **Strumenti**

Alcuni suggerimenti

Un metodo veloce per copiare testo da un punto qualsiasi della schermata di *Query Analyzer* alla linea corrente, è quello di selezionare con il pulsante di selezione del mouse (di solito il sinistro) e premere poi l'altro pulsante e scegliere dal menu contestuale la voce *Copia* (il destro per i mouse impostati per i destrorsi).

Come nel caso di altri ambienti, anche qui può essere conveniente digitare i comandi che si desiderano impartire (tipicamente gli statement SQL, query particolari, ecc.) direttamente in un editor di testo; ad esempio, in Windows il *Blocco Note* (*Notepad*) va più che bene. In un secondo momento questi dati possono essere copiati e incollati in ambiente Query Analyzer. Il modo più semplice in Windows è quello di selezionare la porzione che intendiamo trasportare, usare il tasto del mouse relativo al menu contestuale (di solito il destro) e scegliere la voce *Copia*, dopodiché andremo in *Query Analyzer* e premendo il tasto destro per far apparire il menu contestuale, si sceglierà poi la voce Incolla, o dal menu *Edit* sceglieremo la voce *Paste*.

Appendice B - Identificatori SQL e tipi di dati in alcuni DBMS

Questa appendice ha lo scopo di spiegare le regole per la scelta degli identificatori e dei tipi di dati (in inglese 'datatypes' o 'data types'). Anche se normalmente i moderni RDBMS supportano abbastanza l'SQL standard, possono esserci alcune differenze tra ambiente e ambiente. È quindi utile riportare di seguito alcune tabelle che mostrano le implementazioni dei tipi di dati, SQL e non, in ambienti diversi.

Tutti gli oggetti di un DBMS devono avere un nome o *identificatore*. Come buona norma, è utile scegliere tali descrizioni come parole o sigle comprensibili e mnemoniche.

Nell'SQL-89 gli identificatori potevano arrivare, come lunghezza, a 18 caratteri di sole lettere maiuscole. Con SQL-92 e SQL-99 un identificatore può arrivare a 128 caratteri. Tuttavia, nella pratica, in diverse implementazioni di DBMS si arriva a un massimo di 32 caratteri o anche meno.

In SQL esistono **identificatori normali** (regular) o **delimitati** (delimited).

L'**identificatore regular** consiste in una stringa lunga al massimo 128 caratteri; il primo carattere deve iniziare con una lettera (da 'a' … 'z', 'A' … 'Z', sia maiuscola che minuscola) mentre gli altri possono essere sia cifre numeriche (cifre da 0 a 9) che simboli di sottolineatura (underscore, _). Le parole chiave non possono essere utilizzate come identificatori.

Un **identificatore delimitato** ha sempre una lunghezza massima di 128 caratteri, ma è delimitato dalle doppie apici ("). Può essere utilizzato qualsiasi carattere e in questo caso, al contrario dei normali identificatori senza apici, il minuscolo o il maiuscolo fanno la differenza (è case-sensitive). Per comprendere meglio l'aspetto, possiamo dire che i seguenti identificatori sono praticamente identici:

persona Persona PERSONA   pERSONA   pERSONa
        "PERSONA"

ma da questi differisce "Persona" o "personA" o "persoNa".

Tabella B.1: esempi di identificatori ammessi e non ammessi

Ammessi	Non ammessi
A	2p
B	a 5
Alfa	213123

CiccIO	1alala
R2_D2	q(ciao)
C1p8	DATE
Scotty	1°ingegnere

Molti DBMS commerciali consentono anche l'uso di caratteri non appartenenti al consueto alfabeto, come i simboli '@', '$', '!', '%', e altri. Questi, non essendo standard, possono essere inseriti tra doppi apici, come segue:

"Pippo$"

"ciccio@pincopallino"

"donald duck"

"spazio:ultimafrontiera"

"Cap. Kirk"

"si (no)"

"#provarepercredere!"

"insert"

"DATE"

"esiste una via che davanti…"

Tutti dovrebbero essere accettati, indipendentemente dal contenuto più o meno significativo o culturale.

Come si può notare tra doppi apici si possono inserire anche parole riservate come INSERT o DATE, ecc.

Nelle implementazioni standard di SQL il tipo CHAR(n) significa che il valore verrà memorizzato in uno spazio dedicato di lunghezza fissa pari a n caratteri. Nel caso si dovesse inserire una stringa più corta, i caratteri rimanenti verrebbero automaticamente riempiti con dei blank. Nel tipo VARCHAR(n), invece, si stabilisce quale debba essere la lunghezza massima, ma il valore inserito andrà ad occupare lo spazio effettivamente pari alla sua lunghezza, ottimizzando così l'occupazione di memoria. Altre implementazioni di SQL, comunque, trattano il tipo CHAR come se fosse VARCHAR.

NUMERIC(7, 3) significa che il numero è decimale con sette cifre in totale di cui tre decimali, quindi può variare tra -9999.999 e $+9999.999$.

Il tipo DECIMAL coincide con il tipo NUMERIC, tuttavia in alcune implementazioni di database può variare le precisione nel numero di cifre dopo la virgola.

Tabella B.2: Tipi di dati in dBASE

Tipo	Significato
CHAR(n)	Stringhe di caratteri di lunghezza da 1 a 254 (valore indicato con n)
DATE	Date temporali. Il formato di default è: gg/mm/aa. Il formato viene specificato dai comandi SET DATE e SET CENTURY
DECIMAL(x, y)	Numeri decimali a virgola fissa con segno (x sono le cifre intere < valore compreso tra 1 e 20 >, compreso il segno e il punto decimale e y quelle decimali < valore compreso tra 10 e 18 >)
FLOAT(x, y)	Numeri a virgola mobile (da 1 a 20 cifre per la parte intera compreso il punto decimale e il segno < x > e da 0 a 18 per la parte decimale < y >)
INTEGER	Numeri interi a 11 cifre compreso il segno
LOGICAL	Valori booleani (vero o falso) .T. o .F.
NUMERIC(x, y)	Numeri decimali a virgola fissa; x è il numero totale di cifre, y il numero di cifre dopo la virgola
SMALLINT	Numeri interi a 6 cifre

Tabella B.3: Tipi di dati Oracle (versione 9i)

Tipo di dati	Descrizione
VARCHAR2(size) [BYTE | CHAR]	Stringa di caratteri a lunghezza variabile con lunghezza massima pari a *size* byte o caratteri. Il valore massimo di *size* è 4000 byte, e il minimo 1 byte o 1 carattere. *size* è obbligatorio. BYTE indica che la colonna avrà la semantica a lunghezza di; CHAR indica che la colonna avrà la semantica a caratteri.
NVARCHAR2(size)	Stringa di caratteri a lunghezza variabile con lunghezza massima pari a *size* caratteri o byte, in base alla scelta del character set nazionale. Il valore massimo di *size* è determinato dal numero di byte richiesto per memorizzare un carattere, con un limite superiore di 4000 byte. *size* è obbligatorio.
NUMBER(p,s)	Numero con precisione p e scala s. La precisione p può variare da 1 a 38, mentre la scala s da -84 a 127.

Tipo di dati	Descrizione
LONG	Dati carattere di lunghezza variabile fino a 2 gigabyte, o 2^{31} -1 byte.
DATE	Valori di date comprese tra January 1, 4712 BC e December 31, 9999 AD (1° Gennaio 4712 a.E.V. e 31 Dicembre 9999 E.V.).
TIMESTAMP (fractional_seconds_precision)	Anno, mese, giorno sono valori di date, mentre ore, minuti e secondi sono valori di tempo inteso come orario; *fractional_seconds_precision* è il numero di cifre della parte frazionale del campo datetime di SECOND. I valori ammessi vanno da 0 a 9. Il valore di default è 6.
TIMESTAMP (fractional_seconds_precision) WITH TIME ZONE	Tutti i valori di TIMESTAMP vanno bene come valore locale di spostamento, con *fractional_seconds_precision* s'intende il numero di cifre della parte frazionale del campo SECOND. I valori ammessi vanno da 0 a 9. Il valore di default è 6.
TIMESTAMP (fractional_seconds_precision) WITH LOCAL TIME ZONE	Tutti i valori di TIMESTAMP WITH TIME ZONE, con le seguenti eccezioni: • Il dato viene normalizzato all'ora locale del DB dove è memorizzato nel database. • Quando il dato viene reperito, gli utenti lo vedono associato all'ora locale.
INTERVAL YEAR (year_precision) TO MONTH	Memorizza un periodo di tempo in anni e mesi, dove *year_precision* è il numero di cifre nel campo YEAR. I valori ammissibili vanno da 0 a 9. Il valore di default è 2.
INTERVAL DAY (day_precision) TO SECOND (fractional_seconds_precision)	Memorizza un periodo di tempo in giorni, ore, minuti e secondi, dove: • *day_precision* è il numero massimo di cifre nel campo di tipo datetime DAY. I valori ammissibili vanno da 0 a 9. Il valore di default è 2. • *fractional_seconds_precision* è il numero di cifre nella parte frazionale del campo SECOND. I valori ammissibili vanno da 0 a 9. Il valore di default è 6.
RAW(size)	Dati binari grezzi (raw binary) di lunghezza pari a *size* byte. La dimensione massima di *size* è 2000 byte. *size* è obbligatorio.
LONG RAW	Dati binari grezzi (raw binary) di lunghezza variabile fino a 2 gigabyte.

Tipo di dati	Descrizione
ROWID	Stringa esadecimale rappresentante l'indirizzo unico di una riga nella corrispondente tabella. Questo tipo di dati è usato primariamente per i valori che ritornano dalla pseudocolonna ROWID.
UROWID [(size)]	Stringa esadecimale rappresentante l'indirizzo logico di una riga in una tabella indicizzata. Il valore opzionale di size è la dimensione di una colonna di tipo UROWID. La dimensione massima e di default è pari a 4000 byte.
CHAR(size) [BYTE | CHAR]	Dati carattere di lunghezza fissa pari a un numero di byte specificato da size. Il valore massimo di size è 2000 byte, mentre il valore di default, e anche minimo, è 1 byte. BYTE e CHAR hanno la stessa semantica di VARCHAR2.
NCHAR(size)	Dati carattere di lunghezza fissa pari a un numero di byte specificato da size per caratteri o byte, in base alla scelta del set di caratteri nazionale. Il valore massimo di size è determinato dal numero di byte richiesto per memorizzare ogni singolo carattere, con un limite superiore di 2000 byte. Il valore di default e minimo di size è 1 carattere o 1 byte, a seconda del character set adottato.
CLOB	Oggetto di tipo character large contenente caratteri di tipo single-byte. Sono supportati i set di caratteri sia a larghezza fissa che variabile ed entrambi possono utilizzare il set CHAR dei caratteri del database. Il valore massimo è 4 gigabyte.
NCLOB	Un oggetto di tipo large contenente caratteri unicode. Sono supportati i set di caratteri sia a larghezza fissa che variabile ed entrambi possono utilizzare il set NCHAR dei caratteri del database. Il valore massimo è 4 gigabyte. Serve per memorizzare dati del set dei caratteri nazionali.
BLOB	Un oggetto di tipo large binary (binary large object). La dimensione massima è 4 gigabyte.
BFILE	Contiene un indirizzo localizzatore (o 'locator') ad un file di tipo large binary memorizzato all'esterno del database. Abilita l'accesso ti tipo I/O byte stream a LOB esterni residenti sul server di database. La dimensione massima è 4 gigabyte.

Informazioni tratte da fonti ufficiali Oracle.

Tabella B.4: Confronto tra i tipi di dati SQL ANSI e i tipi di dati Oracle

Tipi di dati SQL ANSI	Tipi di dati Oracle
CHARACTER(n) CHAR(n)	CHAR(n)
CHARACTER VARYING(n) CHAR VARYING(n)	VARCHAR(n)
NATIONAL CHARACTER(n) NATIONAL CHAR(n) NCHAR(n)	NCHAR(n)
NATIONAL CHARACTER VARYING(n) NATIONAL CHAR VARYING(n) NCHAR VARYING(n)	NVARCHAR2(n)
NUMERIC(p,s) DECIMAL(p,s)[a]	NUMBER(p,s)
INTEGER INT SMALLINT	NUMBER(38)
FLOAT(b)[b] DOUBLE PRECISION[c] REAL[d]	NUMBER

[a] I tipi di dati NUMERIC e DECIMAL possono specificare solo numeri in virgola fissa (fixed-point). Per questi datatype, il valore di default di s è posto a 0.
[b] Il tipo FLOAT è un numero in virgola mobile (floating-point) con una precisione binaria b. Il valore di defaul per la precisione è 126 per i binary e 38 decimali.
[c] Il tipo di dati DOUBLE PRECISION è un numero in virgola mobile (floating-point) con una precisione binaria di 126.
[d] Il tipo di dati REAL è un numero in virgola mobile (floating-point) con una precisione binaria di 63, o 18 decimali.

Informazioni tratte da fonti ufficiali Oracle (tradotte dall'inglese).

Tabella B.5: Tipi di dati in SQL Server

Tipo di dati	Descrizione
BIGINT	Dati costituiti da numeri interi compresi tra -2^{63} ($-9.223.372.036.854.775.808$) e $2^{63} -1$ ($9.223.372.036.854.775.807$).
INT	Dati costituiti da numeri interi compresi tra -2^{31} ($-2.147.483.648$) e $2^{31} - 1$ ($2.147.483.647$).
SMALLINT	Dati costituiti da numeri interi compresi tra 2^{15} (-32.768) e $2^{15} - 1$ (32.767).
TINYINT	Dati costituiti da numeri interi compresi tra 0 e 255.
BIT	Dati costituiti da numeri interi con valore 1 o 0.
DECIMAL	Dati numerici con scala e precisione fisse, compresi tra $-10^{38} +1$ e $10^{38} -1$.
NUMERIC	Funzionalità equivalente a **DECIMAL**.
MONEY	Valori di dati monetari compresi tra -2^{63} ($-922.337.203.685.477,5808$) e $2^{63} - 1$ ($+922.337.203.685.477,5807$), con precisione di un decimillesimo di unità monetaria.
SMALLMONEY	Valori di dati monetari compresi tra $-214.748,3648$ e $+214.748,3647$, con precisione di un decimillesimo di unità monetaria.
FLOAT	Dati numerici con precisione mobile compresi tra $-1,79E + 308$ e $1,79E + 308$.
REAL	Dati numerici con precisione mobile compresi tra $-3,40E + 38$ e $3,40E + 38$.
DATETIME	Dati per data e ora compresi tra il 1° gennaio 1753 e il 31 dicembre 9999, con una precisione di tre centesimi di secondo o 3,33 millisecondi.
SMALLDATETIME	Dati per data e ora compresi tra il 1° gennaio 1900 e il 6 giugno 2079, con una precisione di un minuto.
CHAR	Dati per caratteri non Unicode con lunghezza fissa di massimo 8.000 caratteri.

VARCHAR	Dati non Unicode con lunghezza variabile di massimo 8.000 caratteri.
TEXT	Dati non Unicode con lunghezza variabile di massimo $2^{31} - 1$ (2.147.483.647) caratteri.
NCHAR	Dati Unicode con lunghezza fissa di massimo 4.000 caratteri.
NVARCHAR	Dati Unicode con lunghezza variabile di massimo 4.000 caratteri. **sysname** è un tipo di dati definito dall'utente e fornito dal sistema che equivale funzionalmente a **nvarchar(128)** ed è utilizzato come riferimento per i nomi degli oggetti del database.
NTEXT	Dati Unicode con lunghezza variabile di massimo $2^{30} - 1$ (1.073.741.823) caratteri.
BINARY	Dati binari con lunghezza fissa di massimo 8.000 byte.
VARBINARY	Dati binari con lunghezza variabile di massimo 8.000 byte.
IMAGE	Dati binari con lunghezza variabile di massimo $2^{31} - 1$ (2.147.483.647) byte.
CURSOR	Riferimento a un cursore.
SQL_VARIANT	Tipo di dati che memorizza i valori di vari tipi di dati supportati da SQL Server tranne **text**, **ntext**, **timestamp** e **sql_variant**.
TABLE	Tipo speciale di dati utilizzato per memorizzare un insieme di risultati per successive elaborazioni.
TIMESTAMP	Numero univoco in tutto il database che viene aggiornato ogni volta che viene aggiornata una riga.
UNIQUEIDENTIFIER	Identificatore univoco globale (GUID, Globally Unique IDentifier).

Informazioni tratte da fonti ufficiali Microsoft.

Tabella B.6: Confronto tra i tipi di dati di Access e quelli di SQL Server

Tipi di dati di Microsoft Access	Tipi di dati di SQL Server
Sì/No	bit
Numerico (Byte)	tinyint
Numerico (Intero)	smallint
Numerico (Intero lungo)	int
Numerico (Precisione singola)	real
(nessun equivalente)	bigint
Numerico (Precisione doppia)	float
Valuta	money
	smallmoney
Decimale/numerico	decimal
	numeric
Data/ora	datetime
	smalldatetime
Contatore (Incrementale)	int (con la proprietà **Identity** definita)
Testo (n)	varchar(n)
	nvarchar(n)
Memo	testo
Oggetto OLE	image
ID replica (detto anche identificatore univoco globale o GUID)	uniqueidentifier (SQL Server 7.0 o versione successiva)

Tipi di dati di Microsoft Access	Tipi di dati di SQL Server
Collegamento ipertestuale	char, nchar, varchar, nvarchar (con la proprietà **Collegamento ipertestuale** impostata su Sì)
(nessun equivalente)	varbinary
(nessun equivalente)	smallint
(nessun equivalente)	timestamp
(nessun equivalente)	char
	nchar
(nessun equivalente)	sql_variant

Nei progetti di Access o nei database di SQL Server, il prefisso "n" significa "nazionale" e indica che il tipo di dati è abilitato per Unicode. Nei database di Access, tutte le colonne di testo sono abilitate per Unicode per impostazione predefinita.

Informazioni tratte da fonti ufficiali Microsoft.

Tabella B.7: Tipi di dati in PostgreSQL

Tipo di dati	Alias	Descrizione
bigint	int8	Intero a 8 byte con segno
bigserial	serial8	Intero a 8 byte autoincrementante
bit		Stringa di bit a lunghezza fissa
bit varying(n)	varbit(n)	Stringa di bit a lunghezza variabile
boolean	bool	Dato logico booleano (true/false)
box		Box rettangolare nel piano in 2D (due dimensioni)
bytea		Dati binari
character(n)	char(n)	Stringa di caratteri a lunghezza fissa
character varying(n)	varchar(n)	Stringa di caratteri a lunghezza variabile

cidr		Indirizzo di rete IP
circle		Cerchio nel piano in 2D
date		Data di calendario (anno, mese, giorno)
double precision	float8	Numero in virgola mobile a doppia precisione
inet		Indirizzo IP dell'host
integer	int, int4	Intero di 4 byte con segno
interval(p)		Intervallo di tempo ad uso generico
line		Linea infinita nel piano in 2D
lseg		Segmento di linea nel piano in 2D
macaddr		Indirizzo MAC
money		Valuta per gli USA
numeric [(p, s)]	decimal [(p, s)]	Tipo numerico con precisione a scelta
oid		Indetificatore di oggetto
path		Percorso geometrico aperto e chiuso nel piano in 2D
point		Punto geometrico nel piano in 2D
polygon		Percorso geometrico chiuso nel piano in 2D
real	float4	Numero in virgola mobile a singola precisione
smallint	int2	Intero di 2 byte con segno
serial	serial4	Intero di 4 byte autoincrementante
text		Stringa di caratteri a lunghezza variabile
time [(p)] [without time zone]		Orario del giorno
time [(p)] with time zone	timetz	Orario del giorno, con l'ora locale (time zone)
timestamp [(p)] without time zone	timestamp	Data e orario
timestamp [(p)] [with time zone]	timestamptz	Data e orario, con l'ora locale

Compatibilità con l'SQL standard

Tra i tipi elencati nella tabella, i seguenti sono specifici dell'SQL ANSI: *bit, bit varying, boolean, char, character, character varying, varchar, date, double precision, integer, interval, numeric, decimal, real, smallint, time, timestamp* (entrambi con o senza l'ora locale).

Informazioni ufficiali dal sito di PostgreSQL (tradotte dall'inglese).

Tabella B.8: Tipi di dati in MySQL

Tipo {dimensione}	nome	Range	Attributi	Valore di default
Numeric {1 byte}	TINYINT[(M)]	Da -128 a 127 [da 0 a 255 se UNSIGNED]	AUTO_INCREMENT UNSIGNED, ZEROFILL, SERIAL DEFAULT VALUE	NULL [0 if NOT NULL]
Numeric {2 bytes}	SMALLINT[(M)]	-32,768 to 32,767 [0-65,535]	AUTO_INCREMENT, UNSIGNED, ZEROFILL, SERIAL DEFAULT VALUE	NULL [0 if NOT NULL]
Numeric {3 bytes}	MEDIUMINT[(M)]	-8,388,608 to 8,388,607 [0 -16,777,215]	AUTO_INCREMENT, UNSIGNED, ZEROFILL, SERIAL DEFAULT VALUE	NULL [0 if NOT NULL]
Numeric {4 bytes}	INT[(M)]	-2,147,483,648 to 2,147,483,647 [0 - 4,294,967,295]	AUTO_INCREMENT, UNSIGNED, ZEROFILL, SERIAL DEFAULT VALUE	NULL [0 if NOT NULL]
Numeric {8 bytes}	BIGINT[(M)]	-/+9.223E+18 [0 - 18.45E+18]	AUTO_INCREMENT, UNSIGNED, ZEROFILL	NULL [0 if NOT NULL]
Numeric	FLOAT(p)	p=0-24 -->	UNSIGNED,	NULL

Tipo {dimensione}	nome	Range	Attributi	Valore di default
{4 or 8}		"FLOAT" p=25-53 --> "DOUBLE"	ZEROFILL	[0 if NOT NULL]
Numeric {4 bytes}	FLOAT[(M,D)]	Min=+/-1.175E-38 Max=+/-3.403E+38	UNSIGNED, ZEROFILL	NULL [0 if NOT NULL]
Numeric {8 bytes}	DOUBLE[(M,D)]	Min=+/-2.225E-308 Max=+/-1.800E+308	UNSIGNED, ZEROFILL	NULL [0 if NOT NULL]
Numeric {M+2}	DECIMAL[(M,[D])] Stored as string	Max Range = DOUBLE range Fixed point vs. DOUBLE float	UNSIGNED, ZEROFILL	NULL [0 if NOT NULL]
Bit {8 bytes}	BIT[(M)]	Binary. Display by [add zero | converting with BIN()]. M=1-64	Prior to 5.03 TINYINT(1) Synonym	NULL [0 if NOT NULL]
String {M char's}	CHAR[(M)]	M=0-255 caratteri con dimensione fissa, allineati a destra con spazi.	BINARY, CHARACTER SET	NULL ["" if NOT NULL]
String {M char's [1]}	VARCHAR(M)	M=0-65,535 caratteri M=0-255 <v5.0.3	BINARY, CHARACTER SET	NULL ["" if NOT NULL]
String {#char's [1]}	TINYTEXT[2]	0-255 caratteri	BINARY, CHARACTER SET	NULL ["" if NOT NULL]
String {#char's [1]}	TEXT[2]	0-65,535 caratteri	BINARY, CHARACTER SET	NULL ["" if NOT NULL]
String {#char's1}	MEDIUMTEXT[2]	0-16,777,215 caratteri	BINARY, CHARACTER SET	NULL ["" if NOT NULL]
String	LONGTEXT[2]	0-4,294,967,295	BINARY, CHARACTER SE	NULL ["" if NOT

Tipo {dimensione}	nome	Range	Attributi	Valore di default
1 {#char's }		caratteri	T	NULL]
String {M bytes}	BINARY[(M)]	M=0-255 byte, FIXED.	Global Only (case sensitive)	NULL ['''' if NOT NULL]
String {M bytes}	VARBINARY(M)	0-65,535 byte M=0-255 <v5.0.3	Global Only (case sensitive)	NULL ['''' if NOT NULL]
String 1 {#bytes }	TINYBLOB	0-255 byte	Global Only (case sensitive)	NULL ["" if NOT NULL]
String 1 {#bytes }	BLOB	0-65,535 byte	Global Only (case sensitive)	NULL ["" if NOT NULL]
String 1 {#bytes }	MEDIUMBLO B	0-16,777,215 byte	Global Only (case sensitive)	NULL ["" if NOT NULL]
String 1 {#bytes }	LONGBLOB	0-4,294,967,295 byte	Global Only (case sensitive)	NULL ["" if NOT NULL]
String {1-2 bytes}	ENUM^2 ("A1","A2",...)	La colonna è esattamente 1 dei valori (1-255)	CHARACTER SET	NULL ["" if NOT NULL]
String {1-8 bytes}	SET^2 ("A1","A2",...)	La colonna è 0 o più valori della lista (1-64 membri)	CHARACTER SET	NULL ["" if NOT NULL]
Date & Time {3 bytes}	DATE	"1000-01-01" - "9999-12-31"	Global Only (YYYY-MM-DD)	NULL ["0000-00-00" if NOT NULL]
Date & Time {8 bytes}	DATETIME	"1000-01-01 00:00:00" - "9999-12-31 23:59:59"	Global Only (YYYY-MM-DD hh:mm:ss)	NULL ["0000-00-00 00:00:00" if NOT

Tipo {dimensione}	nome	Range	Attributi	Valore di default
				NULL]
Date & Time {3 bytes}	TIME	"-838:59:59" - "838:59:59"	Global Only (hh:mm:ss)	NULL ["00:00:00" if NOT NULL]
Date & Time {4 bytes}	TIMESTAMP	19700101000000 - 2037+	Global Only (YYYYMMDDhh mmss)	Current Date & Time
Date & Time {1 bytes}	YEAR	1900 - 2155	Global Only (YYYY)	NULL ["0000" if NOT NULL]

Note:
MySQL versione 5.0.

[1] lo spazio occupato sarà il numero di caratteri o byte, più il/i byte per registrare la lunghezza.

[2] questi tipi di dato stringa non sono case sensitive, a meno che non sia impostato l'attributo "binary" o abbiano una collation CHARACTER SET case-sensitive.

"E" è un'abbreviazione di "exponent". Per esempio, E18 significa moltiplicare per 10 alla 18esima potenza, ovvero aggiungere 18 zeri (vedi anche "notazione scientifica" o "scientific notation").

l'*attributo* SERIAL DEFAULT VALUE è un alias equivalente a "AUTO_INCREMENT NOT NULL UNIQUE".

SERIAL *data type* è un sinonimo per "BIGINT UNSIGNED AUTO_INCREMENT NOT NULL UNIQUE".

BOOL and BOOLEAN *data types* sono sinonimi per TINYINT(1).

REAL[(M,D)] and DOUBLE PRECISION[(M,D)] *datatypes* sono sinonimi per DOUBLE[(M,D)].

la variabile di sistema REAL_AS_FLOAT può far diventare REAL[(M,D)] un sinonimo per FLOAT[(M,D)].

significato degli attributi "UNSIGNED ZEROFILL": ZEROFILL significa che se si specifica un valore M per un intero, questo verrà allineato a destra e verranno inseriti a sinistra degli zeri fino ad arrivare alle M cifre in totale. Ad esempio: M=6, integer=247, risultato="000247". UNSIGNED significa che non sono previsti i numeri negativi, espandendo quindi il range.

Tipi stringa non-binary e binary corrispondenti:
- CHAR vs. BINARY
- VARCHAR vs. VARBINARY
- TEXT vs. BLOB

Appendice C - Reperimento di informazioni da Internet

Facendo un'attenta ricerca su Internet, è possibile reperire interessanti notizie sul mondo dei database nonché su SQL in particolare. Si possono trovare molte informazioni utilizzando i motori di ricerca come Google, Yahoo, Altavista, Bing, Virgilio, ecc. Si consiglia di scegliere come parola di ricerca 'SQL' e qualche altro aspetto importante, come la parola 'ANSI', o 'standard'. Segue un elenco di alcuni riferimenti utili.

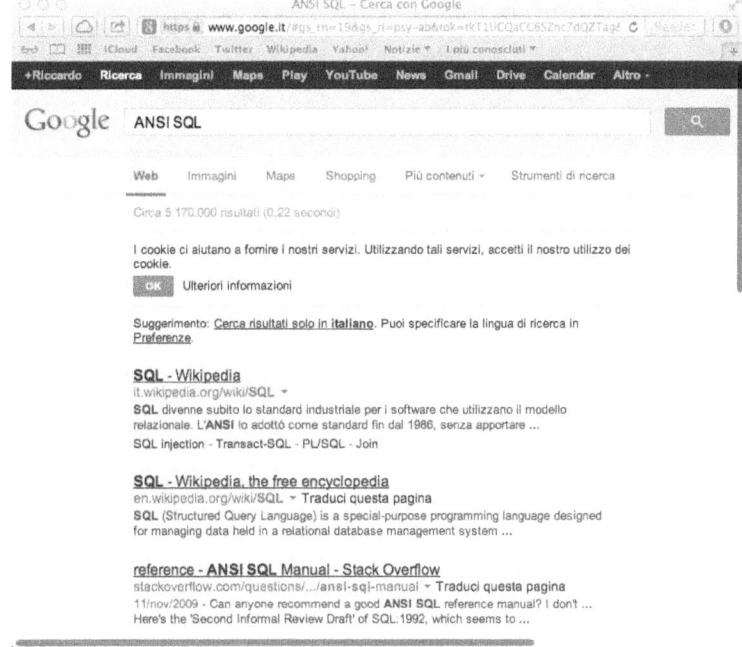

Figura C.1: Il risultato di una ricerca effettuata con Google

Informazioni sugli standard SQL:

http://www.db.informatik.uni-kassel.de/~czi/sql_stnd.html

Altre informazioni utili si possono reperire al sito:

http://www.contrib.andrew.cmu.edu/~shadow/sql.html

Figura C.2: Il sito dell'istituto ANSI

Il sito dell'istituto ANSI:

http://www.ansi.org

Il sito dell'organizzazione ISO:

http://www.iso.org

Microsoft, sede centrale:

http://www.microsoft.com

Microsoft Italia:

http://www.microsoft.com/italy

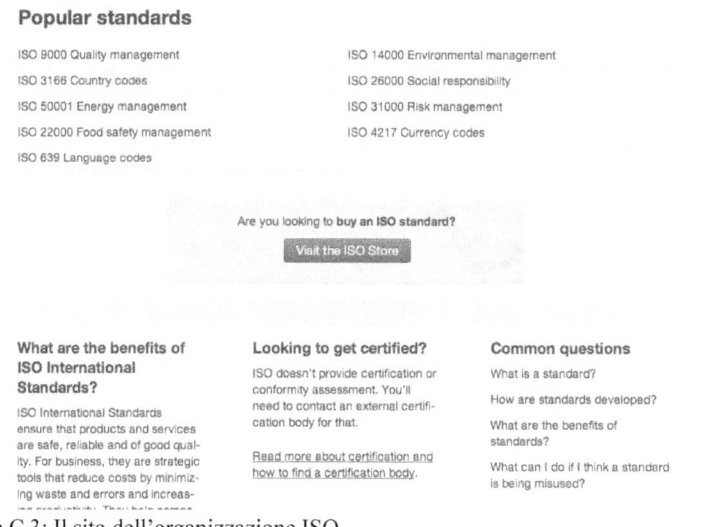

Figura C.3: Il sito dell'organizzazione ISO

Microsoft SQLServer

http://www.microsoft.com/sql/

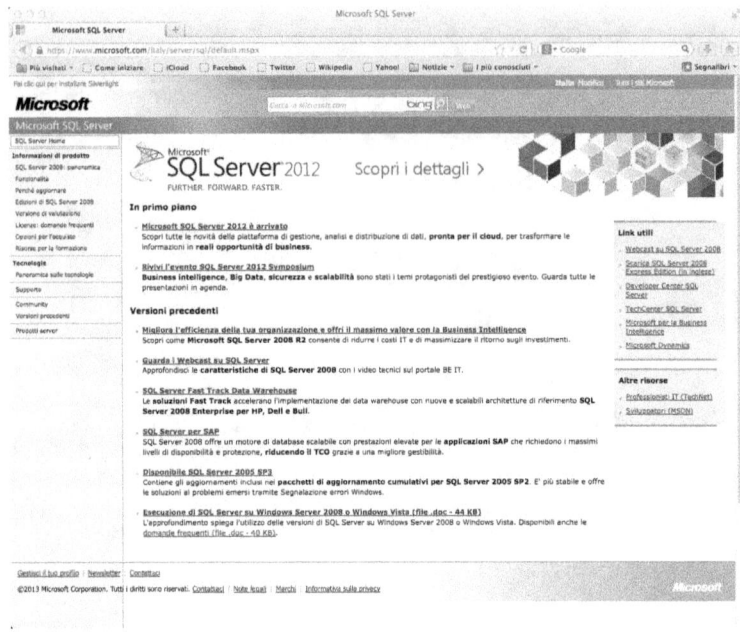

Figura C.4: Informazioni Microsoft su SQL Server

Oracle:

Sede centrale: http://www.oracle.com

Sede italiana: http://www.oracle.it

Link per accedere a versioni trial dei prodotti Oracle da scaricare e provare per un periodo limitato:

http://www.oracle.com/technetwork/indexes/downloads/index.html

Figura C.5: Il sito Oracle

DB2:

http://www.ibm.com

Informix:

http://www.informix.com

Sybase:

www.sybase.com

Supra:

http://www.cincom.com

PostgreSQL:

http://www.postgresql.org

MySQL:

http://www.mysql.it

eGroups.com: E-mail Groups on this Topic

http://www.egroups.com

Databases:

Articoli utili e collegamenti per persone che si occupano di database nella vita personale e professionale:

http://databases.about.com

DM Review Magazine:

Una pubblicazione mensile che parla di data warehouse e business intelligence; offre soluzioni attraverso articoli scritti da esperti del settore.

http://www.dmreview.com

Eclectic Force:

Sito contenente informazioni tecniche e didattiche, corsi, tutorial e numerosi link utili.

http://www.eclecticforce.com

ICT Security:

Il portale dei professionisti della sicurezza nell'informatica e nelle telecomunicazioni.

http:www.ictsecurity.pro

Sql.org:

Contiene numerosi link a risorse interessanti.

http://www.sql.org

Join Talkway: Sql Servers

http://decaf.talkway.com

Connect Software, Inc.:

Soluzioni per Microsoft SQL Server, Sybase SQL Server e Informix Online.
http://www.connectsw.com

Fuzzy Query
http://www.sonalysts.com

Software Creations
http://www.scbbs.com

Tek-Tips Forums: SQL
http://www.tek-tips.com

SQLWire: MS SQL Server News Source
http://sqlwire.com

PlanetClick - Sql
http://www.planetclick.com

Hughes Technologies : The home of Mini SQL (mSQL)
http://www.hughes.com.au

Web Hosting with CGI Tutorials, DHTML Tutorials, Javascript Tutorials, Unix Tutorials, PHP Tutorials, HTML Tutorials
http://www.useractive.com

SQL Server Magazine - SQL Software & Hardware How-to Solutions & Reviews
http://www.sqlmag.com

Pervasive Software Inc. - Home Page
http://www.pervasive.com

ZDTips - Home Page
http://www.zdtips.com

SQL Tools for Oracle, Microsoft and Sybase Database Servers, 1988-1999 http://www.sfi-software.com

Interactive/On-line SQL Tutorial with SQL Interpreter & live practice database
http://torresoft.netmegs.com

Inquiry.com - answers for IT professionals
http://www.inquiry.com

IDB Consulting et SQL*Object Builder Home Page
http://www.idb-consulting.fr

Meta-HTML.COM
http://www.metahtml.com

SQL FAQ
http://epoch.cs.berkeley.edu:8000

SQL Training Videos
http://youlearn.com

Informazioni sui tipi di dato MySQL
http://kimbriggs.com/computers

Bibliografia

Advanced Information Systems, Inc., et all, "Oracle Second Edition Unleashed", SAMS Publishing

Terry Halpin, "Conceptual Schema & Relational Database Design" Second Edition, Prentice Hall

Kevin Kline e Daniel Kline, "SQL In a Nutshell, O'Reilly

Riccardo Cervelli ha una specializzazione in informatica industriale e una in elettronica e telecomunicazioni. È certificato EUCIP e svolge l'attività di formatore e di libero professionista nel settore pubblico e privato da oltre vent'anni. Attualmente è insegnante di ruolo e istruttore Cisco presso l'ITIS "G. Marconi" di Pontedera (PI).

Ha maturato esperienza come funzionario tecnico in ambito universitario, dedicandosi in particolare all'analisi e alla progettazione di applicazioni client/server in ambiente Oracle.

Si interessa attivamente del mondo Open Source, organizzando eventi come il Linux Day e partecipandovi come relatore.

Progetta e gestisce siti Web basati su PHP e MySQL ed è l'amministratore del sito **ictsecurity.pro**, portale dedicato ai professionisti nel settore della sicurezza informatica e delle telecomunicazioni.

Oltre a dispense e articoli sulle riviste specializzate, ha scritto alcuni testi sui sistemi operativi e sul linguaggio SQL.

Può essere contattato su Twitter all'account **@cervellir**

www.ingramcontent.com/pod-product-compliance
Lightning Source LLC
Chambersburg PA
CBHW051909170526
45168CB00001B/301